일러두기

* 본 책에 나온 지문은 2022년 6월부터 2023년 3월까지의 뉴스를 다룬 《똑똑한 초등신문》에 실린 기사 일부와 2023년 하반기 최신뉴스로 구성되었습니다.
* 본 책에 나온 기사는 국민일보, 내셔널지오그래픽, 동아사이언스, 동아일보, 매일경제, 세계일보, 조선일보, 오마이뉴스, 연합뉴스, 한국경제, 한국일보, 한겨레에서 다룬 기사를 참조하여 재구성했습니다.
* 신문 어휘 뜻풀이는 표준국어대사전과 고려대 한국어대사전 그리고 한국어기초사전을 참조했습니다.
* 본 책에 삽입된 출처 표시가 없는 사진은 직접 찍은 사진 및 위키미디어와 픽사베이에서 제공하는 이미지로, 저작권이 없는 자유 이용 저작물입니다.

신문 읽고 써 보는
똑똑한 초등 글쓰기

신문 읽고 써보는
똑똑한 초등 글쓰기

초판 1쇄 발행   2023년 12월 15일
6쇄 발행   2025년 3월 17일

지은이	신효원
펴낸이	신호정
편집	이미정
마케팅	백혜연, 홍세영
디자인	이지숙

펴낸곳	(주)책장속북스
신고번호	제 2024-000027호
주소	서울시 송파구 양재대로 71길 16-28 원당빌딩 4층
대표번호	02)2088-2887
팩스	02)6008-9050
인스타그램	@chaegjang_books
이메일	chaeg_jang@naver.com

ISBN   979-11-91836-26-4 (73710)

● 잘못된 책은 구입한 서점에서 바꾸어 드립니다.
● 이 책은 저작권법에 따라 보호받는 저작물이므로, 이 책 내용의 일부 또는 전부를 이용하려면
  반드시 저작권자와 책장속북스의 서면 동의를 받아야 합니다.
● 책값은 뒤표지에 있습니다.

신문 읽고 써보는
똑똑한 초등 글쓰기

현상과 의견
정보의 소개
원인과 결과
문제와 해결

신효원 지음

책장속 BOOKS

머리말

글쓰기, 어떻게 연습해야 할까요?

이 책을 들여다보다 이곳, 머리말에까지 당도하신 여러분은 아마도 글쓰기에 깊은 관심을 가진 분일 겁니다. 글쓰기에 관심이 있기에 '내가, 혹은 내 아이가 글을 잘 썼으면 좋겠다'라는 생각도 종종 하셨을 테지요. 그런데 여러분의 이런 바람 저변에는 '어려운데 할 수 있을까? 그래도 해야겠지? 하지만 싫어하겠지'와 같은 불안한 마음도 복잡하게 뒤엉켜 있을 거예요. 글쓰기에 대한 막연한 부담감과 의무감, 그러나 잘했으면 좋겠다는 바람은 대체 어디에서 출발한 것일까요?

글쓰기는 사고 체계의 모든 것

글쓰기에 대해 이렇게 복잡다단한 마음이 드는 것은, 글쓰기는 내 생각과 지식의 정도를 여실히 보여주는 척도이기 때문입니다. 여기까지만 놓고 보면 한편으론 글쓰기가 꽤 만만해 보이기도 합니다. 글 쓸 거리, 그러니까 지식을 쌓아두기만 하면 해결되는 것 아닌가요! 그런데 이 글쓰기라는 녀석은 고약한 성미를 가지고 있습니다. 알고 있는 내용을 어디에 어떻게 배열하고 배치할 것인지 머릿속에 그림이 그려지기 전까지는 연필 쥔 손을 옴짝달싹도 못 하게 하거든요. 굴러다니는 생각과 지식의 조각들을 연결하는 법을 연습하지 않고서는 백지 위, 연필 잡은 손은 주저거리며 제자리걸음만 할 뿐입니다. 내 생각과 지식을 재료 삼아 쉽사리 무너지지 않는 논리의 집을 지어야만 할 수 있는 글쓰기! 이 논리의 집을 아이들과 같이 만들어봐야겠다는 생각에서 이 책의 집필이 시작되었습니다.

텍스트 구조화에서 출발하는 글쓰기 연습

글을 다 읽고 책을 덮자마자 내가 뭘 읽었는지 머릿속이 텅 빈 것 같은 느낌이 들 때가 있습니다. 단편적으로 알게 된 몇 개의 지식, 자잘한 세부 내용들이 모래알처럼 흩어져 버린 것이지요. 한두 개 기억이 나긴 하겠지만 구조적으로 연결되지 않은 정보들은 결국 아무런 힘을 발휘하지 못한 채 사라지고 맙니다. 단편적이고도 단선적으로 흐트러진 정보를 개별적인 재료로서만 내버려 둘 것이 아니라 정보들을 유기적으로 엮어 논리의 틀을 구성해야 하는데요, 이것이 바로 '텍스트 구조화'입니다.

텍스트 구조화란, 정보가 어떠한 연결고리를 바탕으로 해서 어떤 영향이나 결과로 도출되는지, 해결책이 어떻게 제시되는지 도식으로 나타내는 것을 말합니다. 텍스트 내용으로 얼개를 만들고 나만의 의미 모형을 만들어가는 것이죠. 텍스트 구조화는 뿔뿔이 흩어져 있던 정보와 지식을 구조적으로 정리해서 주요 정보와 세부 정보가 맥락에 따라 머릿속에서 펼쳐질 수 있도록 도와줍니다.

글의 정보나 지식을 맥락이라는 연결선을 따라 구조화하는 연습을 하다 보면, 입체적인 논리의 의미 모형을 머릿속에 하나둘 쌓아나갈 수 있습니다. 이 과정에서 자신만의 새로운 아이디어가 탄생하기도 하지요. 텍스트 구조화는 이해를 위한 읽기뿐만 아니라 좋은 글을 쓰기 위해서도 필수적입니다. 암묵적으로 내재화된 구조의 틀이 어수선하게 늘어선 정보와 생각을 논리적으로 엮고, 새롭게 태어난 생각까지도 말끔하게 재구성해 글을 쓰도록 도와주기 때문입니다. 글을 도식화하는 연습을 꾸준히 해나가다 보면 어떤 글을 읽어도 머릿속에 탄탄한 의미의 틀을 자연스럽게 그릴 수 있게 됩니다. 또 이렇게 구축된 도식들은 글쓰기를 해나가는 데 있어 커다란 잠재력으로 작용할 것입니다.

<똑똑한 초등 글쓰기>에서는

글을 읽고 텍스트를 도식화해보며, 이때 만든 의미의 틀을 글쓰기에 적용해 보고자 합니다. '이 글은 이런 도식으로 정리할 수 있구나', '이런 모형으로 구성되어 있구나'를 느껴보며 맥락을 파악하고, 의미 모형을 자신의 글쓰기에 적용해 생각을 배열하고 배치해 보는 연습을 하려고 합니다.

이를 위해 이 책에서는 <현상과 의견>, <정보와 소개>, <원인과 결과>, <문제와 해결>로 유형을 분류하고 이에 해당하는 신문 기사를 실었습니다. 먼저 신문 기사를 읽고, 기사 내용을 도식으로 정리해 보는 연습을 합니다. 텍스트를 구조화해 본 후에는 도식화 모형 틀을 이용해 생각을 정리, 확장해 직접 글을 써 봅니다. 글쓰기 주제는 제공된 기사 내용과 관련된 것이며, '경험 말하기', '설명하기', '의견 밝히기', '주장하기', '상황 가정해보기', '요약하기' 등의 쓰기 문제를 수록했습니다.

저는 아이들이 가진 무한한 지적 성장 가능성을 믿습니다. 그렇기에 아이들의 글쓰기가 의미 없는 질문에 맥락 없이 대답을 적는 데서 끝이 나거나, 순간적으로 떠오르는 별 뜻 없는 생각을 헐겁게 나열하는 수준에 머물지 않으면 좋겠습니다. 이 책을 함께 해나가며 텍스트 구조화에서 글쓰기로 연결되는 일련의 과정을 통해 아이들의 머릿속에 생각의 지도가 촘촘하고도 논리적으로 이어지길 바랍니다. 단단한 논리의 집을 짓고 자신만의 생각을 백지에 주저 없이 펼쳐낼 수 있게 되기를 간절히 바랍니다.

신효원

목차

머리말 글쓰기, 어떻게 연습해야 할까요? 04

이 책의 특징 8
이 책의 구성&활용법 11

PART 1. 현상과 의견

01 삐뚤빼뚤 지렁이 글씨 납시오 ☆☆★ 18
02 아마존 열대 우림을 위한 에콰도르 국민들의 한 표에 박수를! ☆☆★ 22
03 어서 오세요. 여기는 사람 없는 맥도날드입니다 ☆☆★ 26
04 얼룩말 세로야, 미안해 ☆☆★ 30
05 그들은 햄버거를 두고 거짓말을 했을까, 안 했을까 ☆☆★ 34
06 다시 태어난 찰리와 초콜릿 공장 ☆★★ 38
07 아이들이 태어나지 않는 나라, 벼랑 끝의 한국 ☆★★ 42
08 [제목 :   ] ☆★★ 46
09 ○○들은 들어올 수 없는 이곳은 노○○존 ★★★ 50
10 오염수가 흘러가도 바다는 아파하지 않을까 ★★★ 54

PART 2. 정보의 소개

11 [제목 :   ] ☆☆★ 60
12 [제목 :   ] ☆☆★ 64
13 문어가 친구에게 화가 나면 ☆☆★ 68
14 맛있는 귤의 정체를 밝혀라! ☆☆★ 72
15 [제목 :   ] ☆☆★ 76
16 패스트패션은 환경오염의 주범 ☆★★ 80
17 막 내린 지구 온난화, 이제는 지구 열대화 시대 ☆★★ 84
18 라니냐 가고 엘니뇨 찾아와 ☆★★ 88
19 미역은 든든한 지구 수호대 ★★★ 92
20 우리가 살고 있는 시대, 그 이름은 바로 인류세 ★★★ 96

PART 3. 원인과 결과

21 더워지는 날씨, 쏟아지는 홈런볼! ☆☆★ 102
22 가뭄에 기저귀 가격이 오른다? ☆☆★ 106
23 집들이 먼지처럼 폭삭 내려앉은 그곳에는 ☆☆★ 110
24 제목 : ☆☆★ 114
25 BTS가 여의도에 왔다! 주르륵 쏟아지는 경제 효과 ☆☆★ 118
26 새로 산 물건인데 자꾸 고장이 난다면 ☆★★ 122
27 틱톡! 지금 당장 삭제해야 ☆★★ 126
28 잠자던 바이러스가 깨어났다 ☆★★ 130
29 제목 : ★★★ 134
30 누가 누가 먼저 달에 가나! ★★★ 138

PART 4. 문제와 해결

31 제목 : ☆☆★ 144
32 동물들을 지켜라, 이제는 비건 패션 시대! ☆☆★ 148
33 케냐 아이들, 학교로 돌아오다! ☆☆★ 152
34 갈 곳 없는 사람들의 슬픈 이야기 ☆☆★ 156
35 미운 말하기 전, 잠깐의 멈춤이 필요할 때 ☆★★ 160
36 방귀를 뀌려거든 돈을 내고 뀌어라 ☆★★ 164
37 총성 없는 종자 전쟁의 시작 ☆★★ 168
38 마트 냉장고에 문을 달면 생기는 일 ☆★★ 172
39 하루 이틀 그다음은 삼일? ★★★ 176
40 제목 : ★★★ 180

정답 & 해설 184

이 책의 특징

1. 다음의 요소를 모두 갖춘 글쓰기를 배운다

❶ 신문 읽고 글쓰기
신문을 읽으면서 알게 된 지식을 스스로 구조화할 수 있다. 이는 최신 기사를 읽으면서 새롭게 알게 된 정보를 단순히 수집하고 나열하는 것을 넘어 정보와 자신의 생각을 논리적으로 통합해 재구성하는 과정이다.

❷ 똑똑한 글쓰기
글 전체의 구도를 잡은 후, 생각을 배열하고 배치하는 과정이다. 스스로 질문을 던지고 답을 찾아가면서 글의 내용을 유기적으로 연결하여 맥락에 맞는 탄탄한 구조를 갖춘 글을 쓸 수 있다.

❸ 논리적 글쓰기
주제에 대한 자신의 의견을 밝히고 뒷받침 근거를 설득력 있게 제시함으로써 자신의 주장을 논리적으로 펼칠 수 있다.

❹ 구조적 글쓰기
글의 정보나 지식을 맥락이라는 연결선을 따라 구조화하는 과정이다. 신문 기사 내용을 도식으로 정리하는 연습을 하고, 이를 활용하여 구조적으로 정리된 글을 쓸 수 있다.

❺ 정확한 글쓰기
글에서 자주 접하는 표현을 바르게 알고 표현해 보는 과정이다. 일상생활에서 자주 쓰는 어휘가 아닌 쓰기에서 자주 사용하는 어휘를 활용하여 글을 쓰는 연습을 해본다.

2. 텍스트 구조화에서 출발한다

❶ 텍스트 구조화란?
텍스트 내의 정보가 어떤 연결고리를 가지고 결론에 이르는지 도식으로 나타내는 것을 말한다.

❷ 텍스트를 구조화하면?
글의 정보나 지식을 구조적으로 정리하고 도식으로 보여줌으로써 숲의 눈으로 글을 파악하는 힘을 키울 수 있다. 이는 **독해력과 글쓰기 능력을 동시에 향상**시키는 데 필수적인 연습 과정이다.

❸ '텍스트 구조화'가 반드시 필요한 이유
텍스트를 구조화하는 연습을 반복하면 머릿속에 '텍스트 구조화'의 여러 유형이 저장된다. 이를 충분히 축적해 나가다 보면 글을 읽거나 쓸 때, 해당 텍스트를 구조화하기에 적합한 도식이 자동적으로 떠오르게 된다. 즉 글을 읽음과 동시에 머릿속으로 텍스트를 도식으로 정리하게 되는데, 이는 글의 내용을 쉽게 파악하고 기억하게 한다. 또한 글을 쓸 때도 주제에 따라 적합한 텍스트 구조를 떠올릴 수 있다. 이에 따라 글의 골격을 잡고 그 구조를 시각적으로 보면서 빈칸을 채워 가다 보면, 맥락에 맞는 한 편의 글이 완성된다.

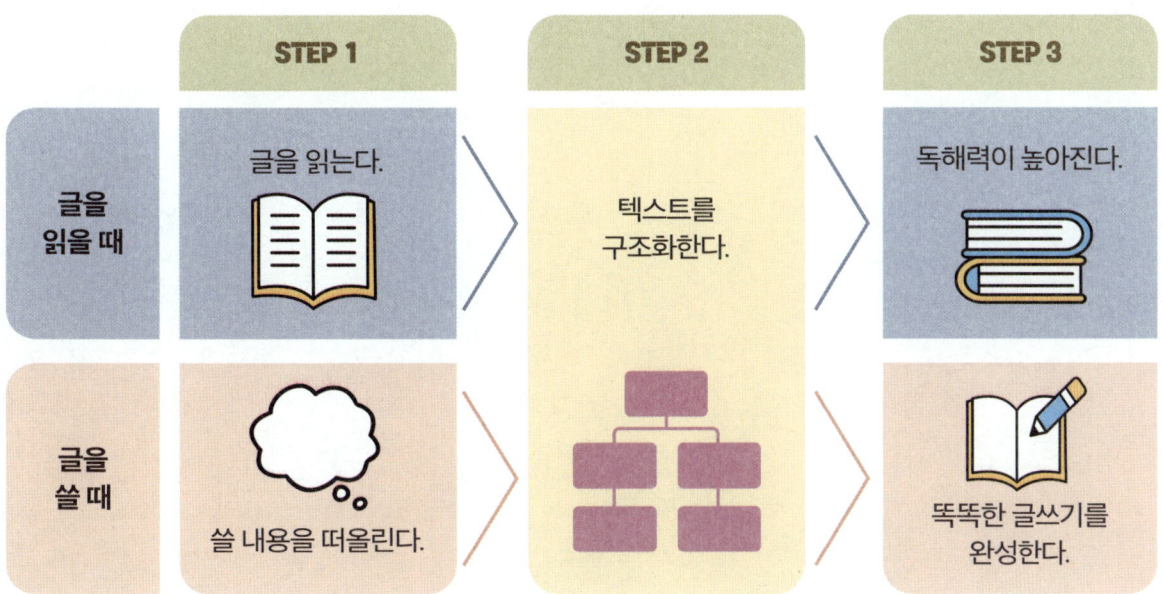

3. 글의 유형에 따라 영리하게 글 쓰는 법을 배운다

《똑똑한 초등 글쓰기》에 수록된 신문 기사는 글의 전개 방식에 따라 <현상과 의견>, <정보와 소개>, <원인과 결과>, <문제와 해결> 4개 파트로 분류되어 있다. 이는 대부분의 논리적인 글쓰기 유형을 모두 학습한다는 것을 의미하며, 무작정 글을 쓰는 것이 아니라 유형별로 계획적인 글쓰기를 가능하게 한다.

PART 1. 현상과 의견	**우리 주변에서 어떤 일이 일어나고 있는가?** 그 현상을 심도 깊게 살펴보고 나만의 의견을 개진해보는 글쓰기를 연습한다.
PART 2. 정보의 소개	**내가 알고 있는 정보를 어떻게 소개하고 설명하는 것이 효과적일까?** 정보를 명확하게 풀어 설명해보고 소개하는 글쓰기를 연습한다.
PART 3. 원인과 결과	**세상의 많은 일은 원인과 결과로 이루어져 있다!** 원인과 결과를 논리적으로 잇고 이를 표현해 보는 글을 써본다.
PART 4. 문제와 해결	**문제가 있다면 해결해야 하는 법!** 문제에 따른 해결책을 찾고 이를 어떻게 표현해야 설득력 있는 글을 쓸 수 있을지 연습한다.

이 책의 구성 & 활용법

1. 이렇게 구성되어 있어요

40개의 최신 신문 기사를 글의 전개 방식에 따라 〈현상과 의견〉, 〈정보의 소개〉, 〈원인과 결과〉, 〈문제와 해결〉로 분류하여 텍스트를 도식화하는 연습을 하고 이 도식을 활용하여 자신만의 글을 써본다.

1단계 `쓰기 전 | 신문 읽기` 초등학생이 꼭 알아야 하는 최신 기사를 읽는다.

2단계 `신문 읽고 | 주제 확인`
① **핵심 단어 골라 보기**
기사를 요약할 때 필요한 핵심 단어를 고르며 기사의 중요 내용을 파악한다.
② **중심 문장 빈칸 채우기**
맥락을 이해하여 알맞은 내용으로 문장을 완성해 본다.

3단계 `텍스트 | 구조화` 기사 내용을 도식으로 정리하면서 텍스트를 구조화한다.

*3단계(텍스트 구조화)는 ☆☆★, ☆★★, ★★★ 단계로 나뉜다.

① ☆☆★

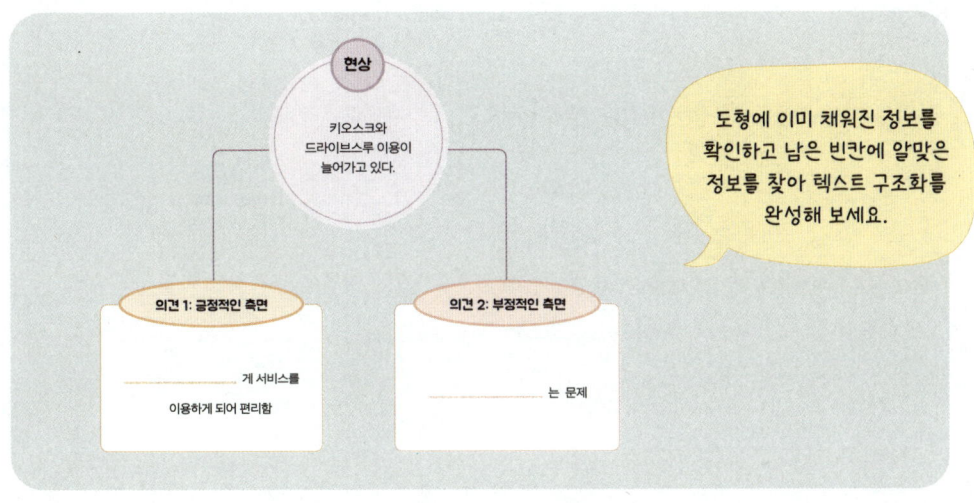

② ★★★

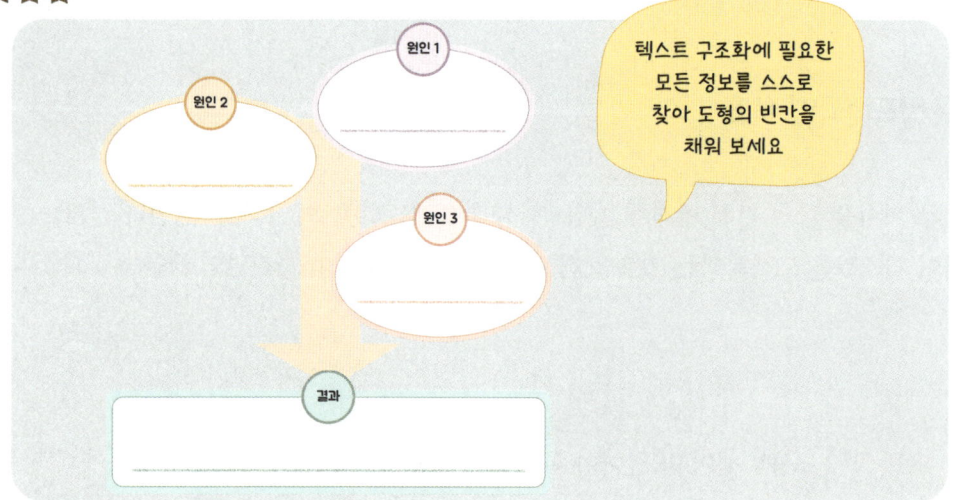

③ ★★★

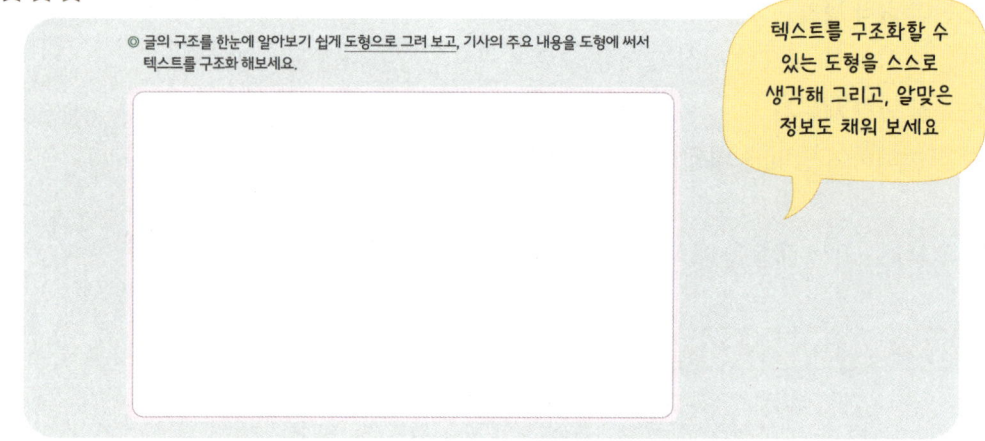

4단계 기사 속 표현 | 한 문장 기사에 나온 표현의 뜻을 확인하고 정확하게 써 본다.

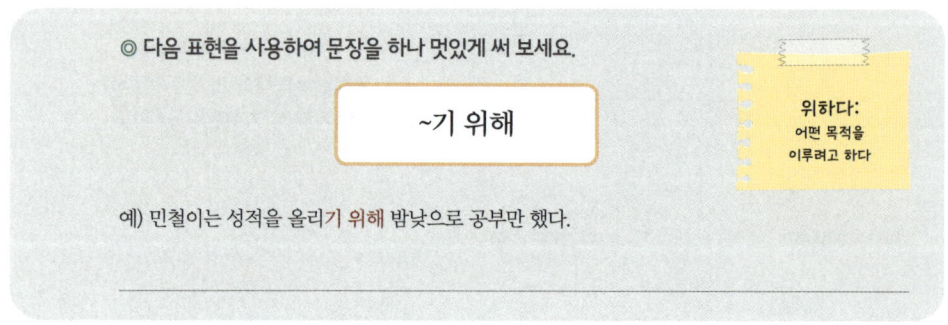

5단계 생각 쓰기 | 글 한 편   기사와 관련된 주제로 자신의 생각이 잘 드러나는 글을 써 본다.

STEP 1. 쓰기 전 생각 정리
STEP 2. 생각 쓰기

STEP 1. 쓰기 전 생각 정리

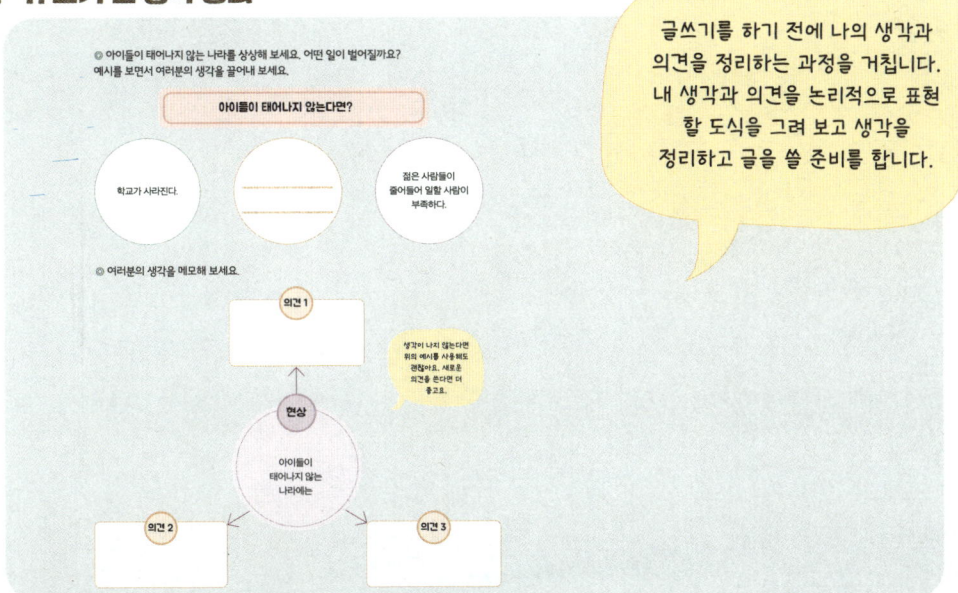

글쓰기를 하기 전에 나의 생각과 의견을 정리하는 과정을 거칩니다. 내 생각과 의견을 논리적으로 표현할 도식을 그려 보고 생각을 정리하고 글을 쓸 준비를 합니다.

STEP 2. 생각 쓰기

*STEP2. 생각쓰기는 ☆☆★, ☆★★, ★★★ 단계로 나뉜다.

① ☆☆★

글의 서두나 말미 또는 글의 내용이 바뀌어야 할 때 이것을 이끌어주는 문장이나 표현이 쓰여 있어요. 그 앞과 뒤를 자연스럽게 연결해 써 보세요.

② ★★★

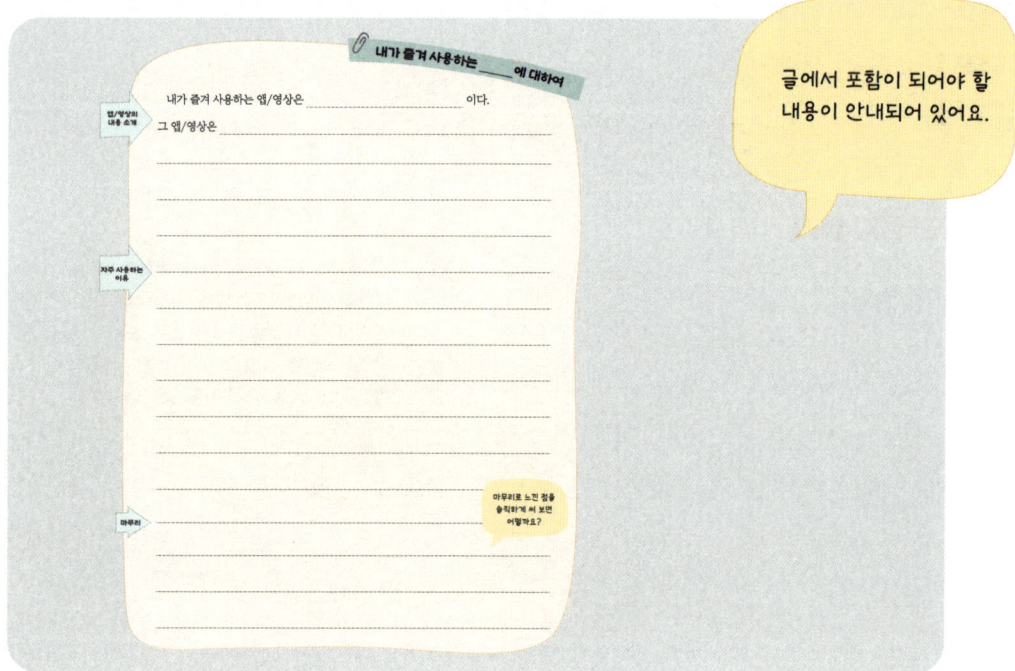

글에서 포함이 되어야 할 내용이 안내되어 있어요.

③ ★★★

전체 글을 모두 스스로 계획하고 구성해서 쓴 후 자신의 글을 검토해 보세요.

2. 이렇게 활용하세요

글의 유형	☆☆★	☆★★	★★★
PART 1. 현상과 의견	5개 기사 : 01 ~ 05	3개 기사 : 06 ~ 08	2개 기사 : 09 ~ 10
PART 2. 정보의 소개	5개 기사 : 11 ~ 15	3개 기사 : 16 ~ 18	2개 기사 : 19 ~ 20
PART 3. 원인과 결과	5개 기사 : 21 ~ 25	3개 기사 : 26 ~ 28	2개 기사 : 29 ~ 30
PART 4. 문제와 해결	5개 기사 : 31 ~ 35	3개 기사 : 36 ~ 38	2개 기사 : 39 ~ 40

1. 논리적 글쓰기에 아직 익숙하지 않은 어린이라면?

- ★부터 시작해서 ★★, ★★★ 으로 다음 단계의 글을 도전해 보세요.
- 같은 단계라면 관심 주제에 대한 기사부터 읽고 글을 써 보세요.

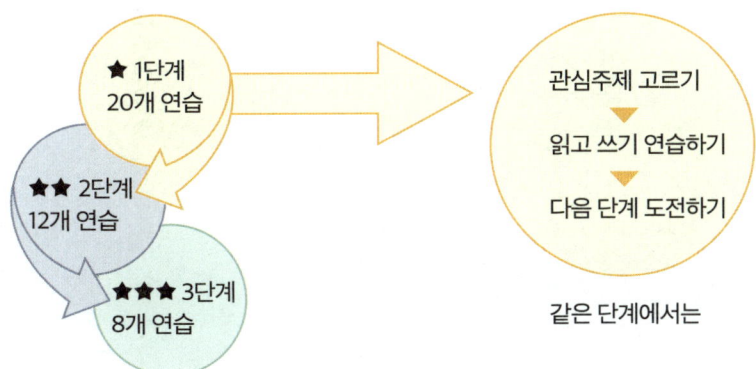

2. 제법 글을 잘 쓰는 어린이라면?

- 별 단계에 구애받지 않고 자유롭게 글쓰기에 도전하세요.
- 관심 주제에 대한 기사부터 시작하거나, 4가지 글쓰기 유형에 따라 차례대로 글을 써도 좋아요.

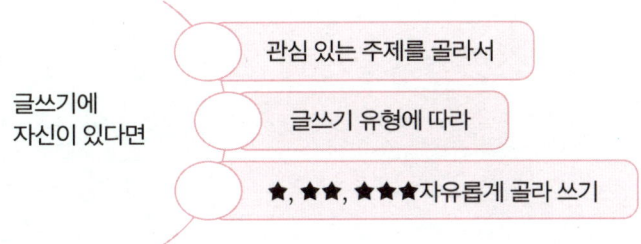

주의할 점! 별 단계가 글쓰기 수준을 의미하는 것이 아닙니다.

별 단계는 높아질수록 텍스트 구조화 도형을 스스로 채워야 하는 부분이 많아짐을 의미합니다. 별 1단계부터 차근차근 연습한다면, 누구나 구조적으로 사고하는 능력을 키워 신문을 읽고 텍스트를 도식화할 수 있어요. 그러므로 글을 잘 쓴다는 이유로 별 1단계 글쓰기를 얕잡아보면 안 됩니다.

3. 글을 더 잘 쓰고 싶다면?

모든 단계를 꼼꼼하게 학습하면서 글을 구조화해서 읽고 그 바탕에서 글을 쓰는 연습을 충분히 하세요. '텍스트 구조화'가 습관이 되면, 작성해야 하는 글의 주제나 구조, 그리고 결과까지 명확하게 머릿속에 그리면서 글을 써 나갈 수 있습니다. 이런 경험은 글쓰기에 진정한 '재미'를 느끼고 꾸준히 글을 쓰게 합니다. 글쓰기를 잘할 수밖에 없는 '글쓰기 선순환'에 빠져보길 바랍니다.

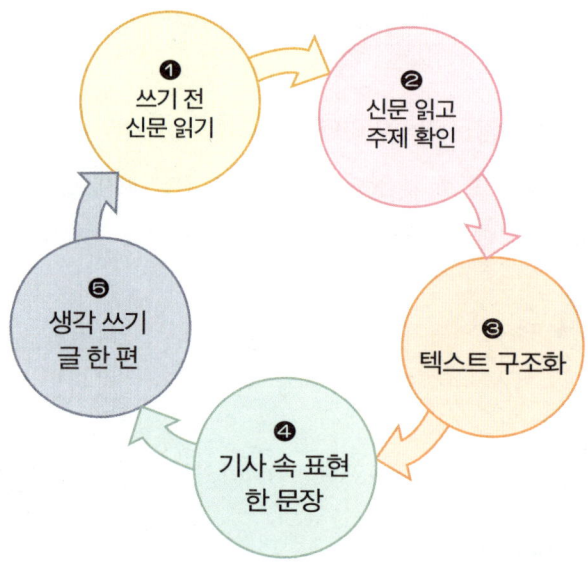

PART 1

현상과 의견

01 삐뚤빼뚤 지렁이 글씨 납시오
02 아마존 열대 우림을 위한 에콰도르 국민들의 한 표에 박수를!
03 어서 오세요. 여기는 사람 없는 맥도날드입니다
04 얼룩말 세로야, 미안해
05 그들은 햄버거를 두고 거짓말을 했을까, 안 했을까
06 다시 태어난 찰리와 초콜릿 공장
07 아이들이 태어나지 않는 나라, 벼랑 끝의 한국
08 제목 :
09 ○○들은 들어올 수 없는 이곳은 노○○존
10 오염수가 흘러가도 바다는 아파하지 않을까

삐뚤빼뚤 지렁이 글씨 납시오

쓰기 전 | 신문 읽기

서울의 한 고등학교에서 '글씨 바르게 쓰기' 수업이 열렸다. 고등학생들이 왜 글씨 쓰기 수업을 들었을까?

손글씨보다 키보드 타자에 익숙한 디지털 세대들의 악필이 늘고 있기 때문이다. 이제 한 반에서 글씨를 반듯하게 쓰는 학생을 찾아보기 어렵다. 심지어 선생님들은 학생들이 시험 답안에 뭐라고 썼는지 알아볼 수 없어 어려움을 겪기도 한다.

학생들의 악필이 늘어난 현상을 놓고 이를 교정해야 한다는 목소리가 높아지고 있다. 전문가들은 노트에 직접 필기를 하는 것은 기억력, 창의력과 더불어 인내심도 키워 주기 때문에 학생들의 두뇌 발달에 도움을 준다는 점을 그 이유로 든다. 그러나 디지털 시대인 만큼 손글씨를 쓸 일이 점점 더 사라지고 있는데 굳이 손글씨 연습을 할 필요가 없다는 입장도 있다. 이 사람들은 손글씨를 잘 쓰는 것보다 타자를 잘 치는 것이 오히려 더 필요한 능력이라고 말한다.

신문 읽고 | 주제 확인

> 이 기사를 요약한다면 어떤 단어가 필요할지 생각해 보세요.

◎ 기사의 핵심 단어를 모두 골라 보세요.

- 악필
- 타자
- 교정하다
- 인내심
- 답안
- 늘다
- 손글씨

텍스트 구조화

◎ 기사의 주요 내용을 도형의 빈칸에 써서 텍스트를 구조화해 보세요.

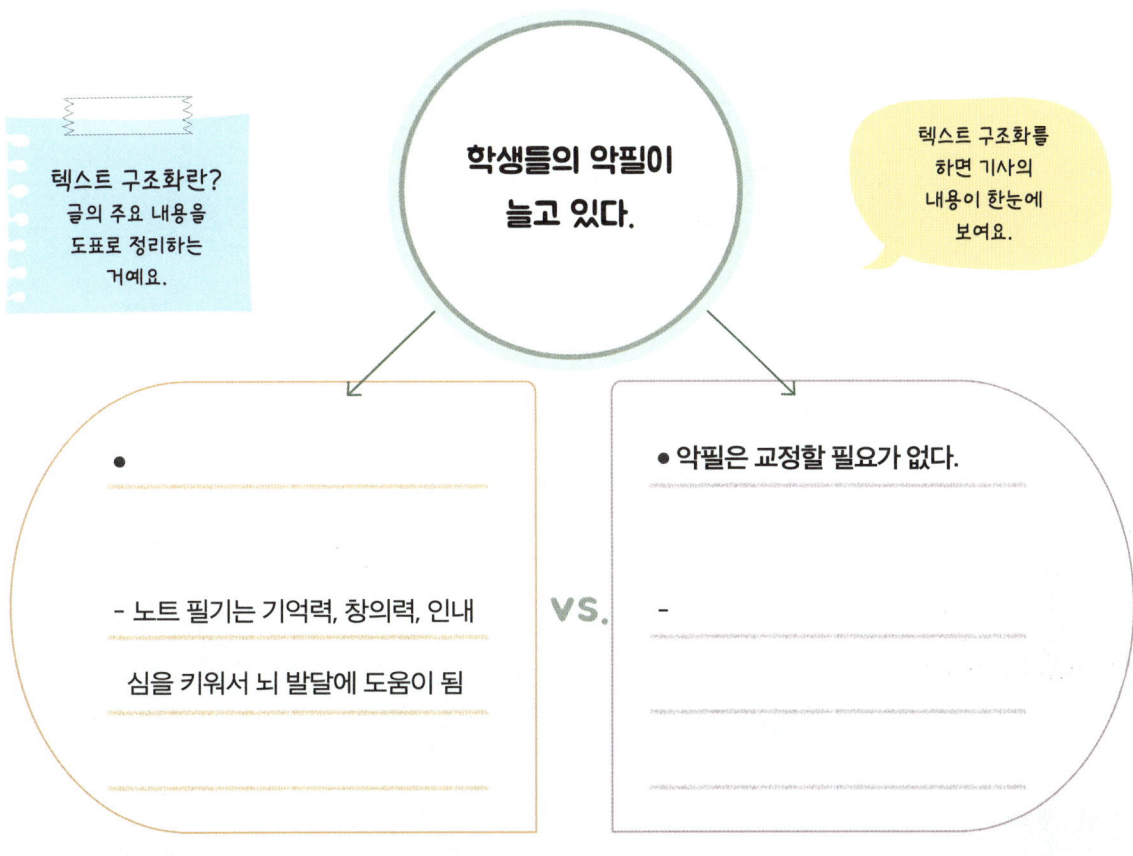

텍스트 구조화란?
글의 주요 내용을 도표로 정리하는 거예요.

텍스트 구조화를 하면 기사의 내용이 한눈에 보여요.

학생들의 악필이 늘고 있다.

vs.

- 노트 필기는 기억력, 창의력, 인내심을 키워서 뇌 발달에 도움이 됨

- 악필은 교정할 필요가 없다.

기사 속 표현 | 한 문장

◎ 다음 표현을 사용하여 문장을 만들어 보세요.

심지어

심지어:
더욱 심하다 못하여 나중에는

예) 나는 지난주에 배탈이 너무 심하게 나서 심지어 물만 마셔도 토했다.

생각 쓰기 | 글 한 편

◎ 여러분의 글씨는 어때요? 악필은 고쳐야 할까요?
다음 질문을 따라가며 여러분의 생각을 끌어내 보세요.

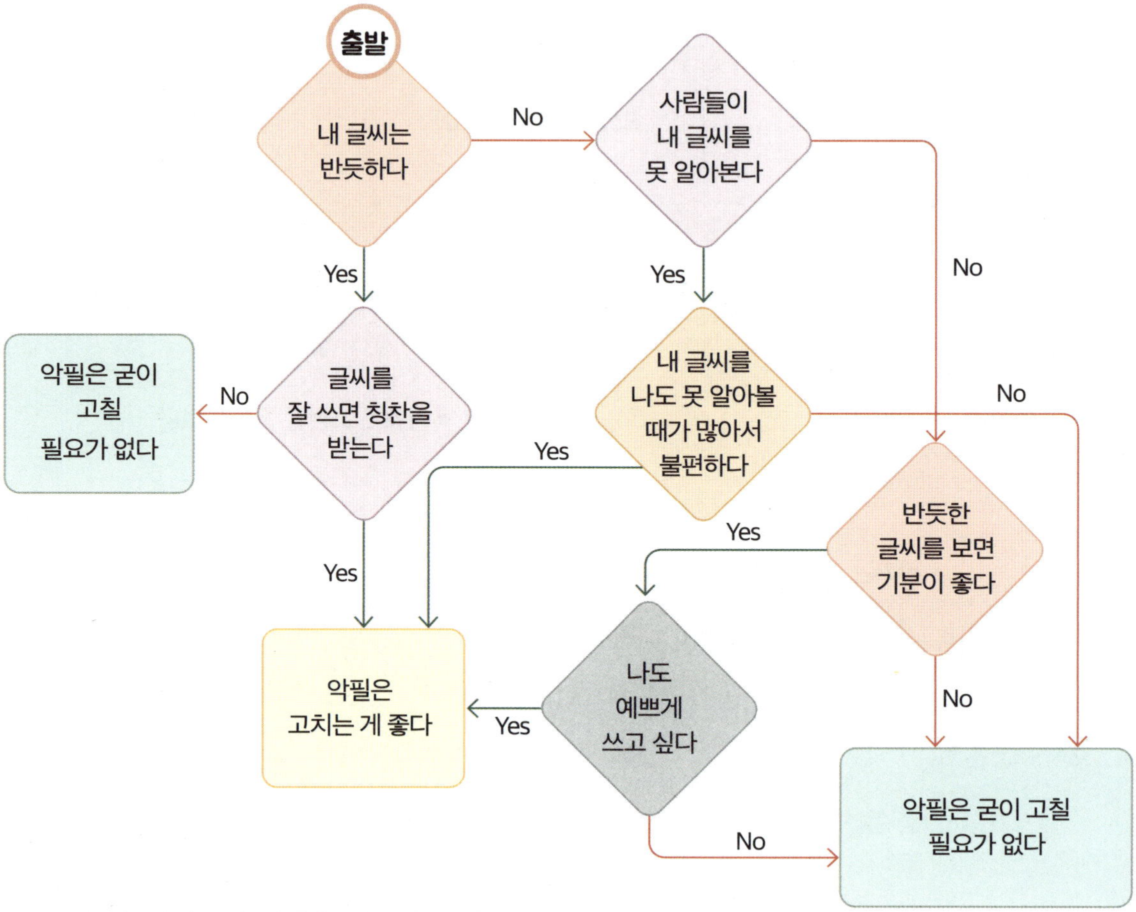

출발

내 글씨는 반듯하다
- No → 사람들이 내 글씨를 못 알아본다
  - Yes → 내 글씨를 나도 못 알아볼 때가 많아서 불편하다
    - Yes → 악필은 고치는 게 좋다
    - No → 반듯한 글씨를 보면 기분이 좋다
      - Yes → 나도 예쁘게 쓰고 싶다
        - Yes → 악필은 고치는 게 좋다
        - No → 악필은 굳이 고칠 필요가 없다
      - No → 악필은 굳이 고칠 필요가 없다
  - No → 반듯한 글씨를 보면 기분이 좋다 (이어짐)
- Yes → 글씨를 잘 쓰면 칭찬을 받는다
  - No → 악필은 굳이 고칠 필요가 없다
  - Yes → 악필은 고치는 게 좋다

◎ 쓰기 전, 여러분의 생각을 메모해 보세요.

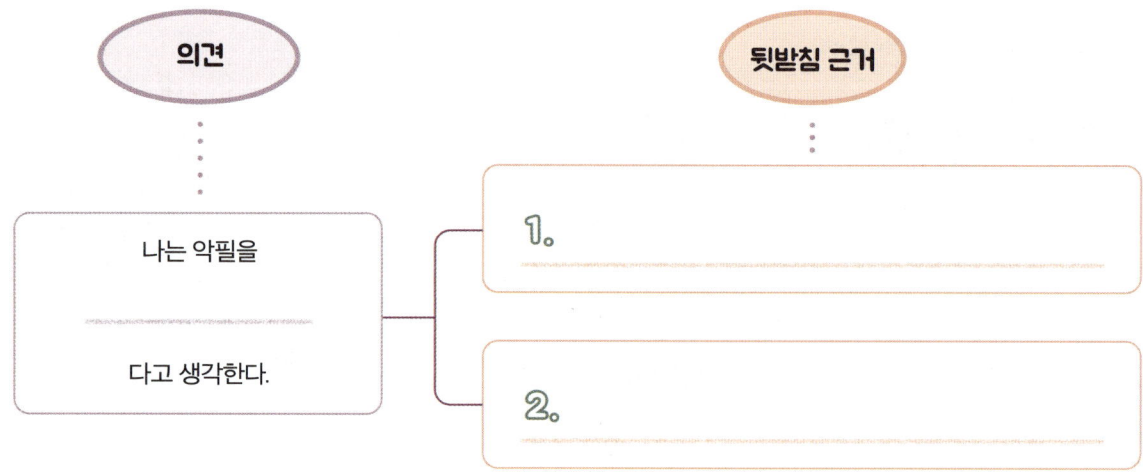

의견: 나는 악필을 _____ 다고 생각한다.

뒷받침 근거:
1. _____
2. _____

◎ 메모한 내용을 바탕으로 다음 제목의 글을 완성해 보세요.

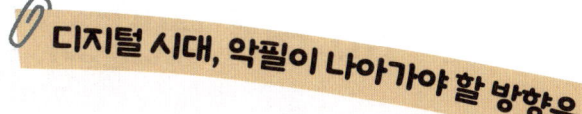

요즘 글씨를 지렁이가 기어가듯 쓰는 학생들이 늘고 있다고 한다. 디지털 시대에 악필은 반드시 고쳐야 할까? 이에 대해 나는 악필은 _____다고 생각한다.

그것에 대한 근거는 다음과 같다. _____

내 생각의 근거

먼저, _____
_____
_____
_____

다음으로, _____
_____
_____
_____

마무리

따라서 악필은 _____
_____
_____
_____

> 마무리에서는 여러분의 의견을 한 번 더 강조하면 어떨까요?

PART 1 현상과 의견

02 ☆☆★

아마존 열대 우림을 위한 에콰도르 국민들의 한 표에 박수를!

쓰기 전 | 신문 읽기

2023년 8월 20일, 남미 에콰도르 국민들은 아마존 지역의 석유 개발 사업에 대한 찬반 국민 투표에 참여했다. 그 결과 투표자 약 60%가 아마존 내 석유 개발 사업 중단에 찬성표를 던진 것으로 나타났다.

아마존 석유 개발을 중단하면 에콰도르는 연간 약 1조 6,000억 원의 수익이 사라진다. 에콰도르 국민 4명 중 한 명은 빈곤에 시달리고 있음에도 불구하고 아마존 열대 우림을 훼손시키는 석유 사업 중단에 찬성표를 던진 것이다.

이에 스웨덴 기후 운동가 그레타 툰베리는 역사적인 국민 투표라는 찬사를 보냈다. 환경 운동가들도 원주민들의 삶의 터전이자, 아마존 열대 우림 내 환경 다양성이 가장 풍부한 지역을 지킬 수 있게 되었다며 에콰도르 국민들의 선택에 깊은 감사를 표했다. 아마존 보호는 에콰도르만을 위한 것이 아닌, 전 세계 지구인들을 위한 것이다. 따라서 석유 개발 중단으로 에콰도르 국민들이 포기한 경제적 이득에 대해 선진국이 지원을 아끼지 말아야 한다.

신문 읽고 | 주제 확인

> 기사를 다시 한 번 읽으면서 어떤 말이 들어갈지 찾아보세요.

◎ 다음 문장에 들어갈 단어들을 써 보세요.

경제적 이득을 포기하고 ☐☐☐☐☐☐ 을 훼손시키는 ☐☐☐☐☐ 중단에 60%의 ☐☐☐ 를 던진 에콰도르 국민들을 향한 찬사가 쏟아졌다.

텍스트 구조화

◎ 기사의 주요 내용을 도형의 빈칸에 써서 텍스트를 구조화해 보세요.

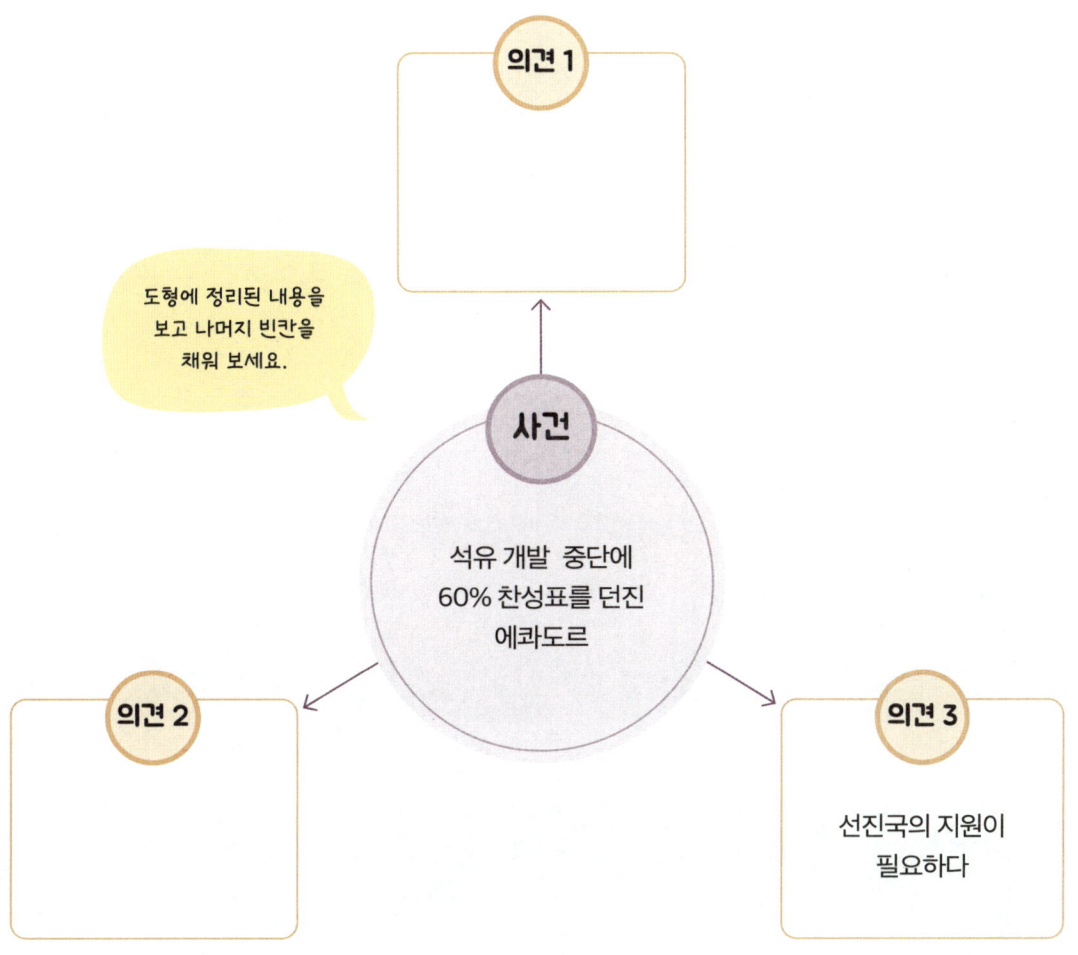

도형에 정리된 내용을 보고 나머지 빈칸을 채워 보세요.

기사 속 표현 한 문장

◎ 다음 표현을 사용하여 문장을 만들어 보세요.

-자

-자:
일정한 자격과 함께 다른 자격이 있음

예) 저분은 시인이자 소설가이다.

생각 쓰기 | 글 한 편

◎ 여러분이 에콰도르 국민이었다면 석유 개발 사업에 대한 찬반 국민 투표에서 어떤 선택을 했을 것 같아요? 찬성과 반대 중 하나를 선택해 체크(∨) 하고 여러분의 생각을 메모해 보세요.

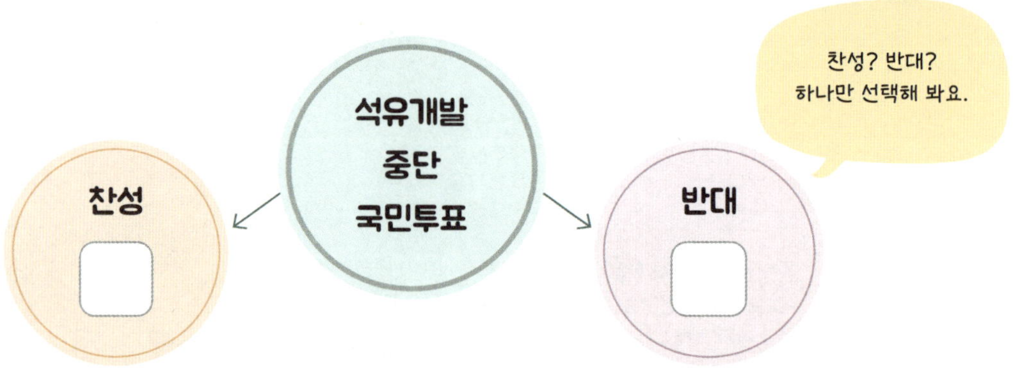

석유개발 중단 국민투표

찬성? 반대? 하나만 선택해 봐요.

찬성 □ → **찬성 이유**
-
-

반대 □ → **반대 이유**
-
-

◎ 메모한 내용을 바탕으로 다음 제목의 글을 완성해 보세요.

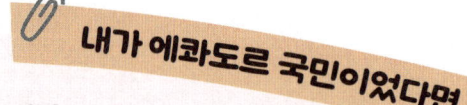
내가 에콰도르 국민이었다면

　얼마 전 에콰도르에서 아마존 열대 우림의 석유 개발 사업 중단에 대한 찬반 국민 투표가 열렸다. 그 결과 약 60%의 국민이 석유 개발 사업 중단에 찬성표를 던졌다.

내가 에콰도르 국민이었다면 어떤 투표를 했을까? 나라면 찬성표/반대표를 던졌을 것이다. 내가 찬성표/반대표를 던진 이유는 _____

내 선택의 이유 ➤
_____
_____
_____
_____

또 다음과 같은 이유도 내 선택에 영향을 미쳤다. _____
_____
_____
_____
_____

마무리 ➤
_____
_____

더 멋진 글로 완성하고 싶다면?

글을 마무리하는 문장을 쓸 때는

찬성한다면,	반대한다면,
"나는 60%의 에콰도르 사람들과 같은 선택을 했다. 힘들게 살아가면서도 환경 보호를 위해 경제적 이득을 포기한 에콰도르 국민들에게 감사하다고 말하고 싶다."	"나는 비록 대다수의 에콰도르 국민들과는 다른 선택을 했지만, 환경 보호를 위한 에콰도르 국민들의 선택을 이해하고 존중한다."

와 같이 마무리할 수 있어요.

PART 1 현상과 의견

에서 오세요. 여기는 사람 없는 맥도날드입니다

쓰기 전 | 신문 읽기

 키오스크 앞에 서서 음식을 고르고 주문하는 사람들. 요즘 흔히 볼 수 있는 풍경이다. 주문받는 역할을 사람 대신 키오스크가 맡게된 것이다. 키오스크에 이어 이제는 드라이브스루도 인기를 얻고 있다.

 미국에서 사람들이 드라이브스루를 가장 활발하게 이용하고 있는 대표적인 곳이 맥도날드인데, 미국 텍사스에 사람이 없는 맥도날드 매장이 처음으로 생겼다. 이곳에서는 주문 확인부터 음식 조리까지 모든 과정을 기계가 맡는다.

 이와 같은 현상에 대해 빠르고 간편한 서비스를 이용하게 되어 편리하다는 사람들도 있지만 사람들의 일자리가 줄어들 거라고 걱정하는 사람들도 있다. _____ 는 역할을 모두 기계가 하게 되었기 때문이다.

신문 읽고 | 주제 확인

> 문맥을 파악해 빈칸에 들어갈 내용을 추측해 보세요.

◎ 기사의 빈칸을 채워 문장을 완성해 보세요.

_____ 는 역할을 모두 기계가 하게 되었기 때문이다.

텍스트 | 구조화

◎ 기사의 주요 내용을 도형의 빈칸에 써서 텍스트를 구조화해 보세요.

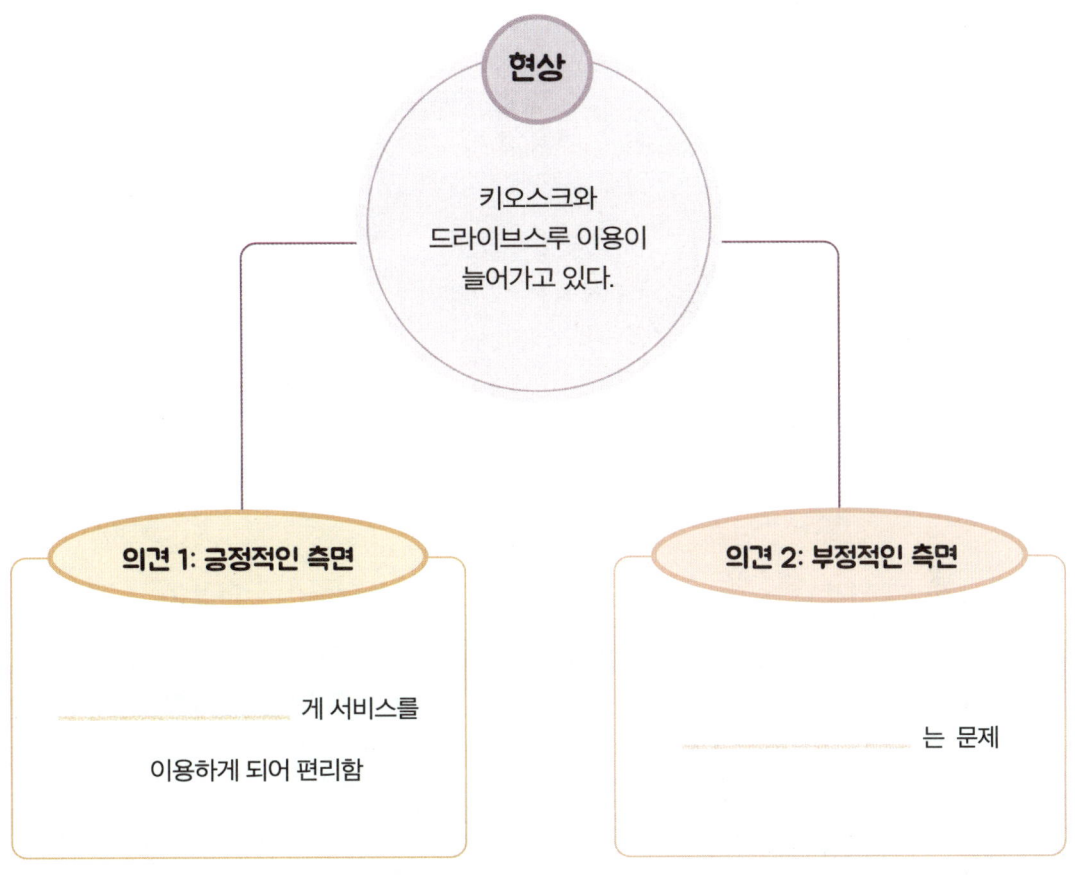

기사 속 표현 | 한 문장

◎ 다음 표현을 사용하여 문장을 만들어 보세요.

대표적

> 대표적:
> 어떤 분야나 집단에서 무엇을 대표할 만큼 전형적이거나 특징적인 것

예) 한강 공원은 서울의 대표적인 공원이기 때문에 항상 사람이 많다.

생각 쓰기 | 글 한 편

◎ 키오스크를 사용해 본 적이 있어요? 어땠어요? 쓰기 전, 둘 중 하나의 의견을 선택해 체크(∨)하고 여러분의 생각을 메모해 보세요.

◎ 메모한 내용을 바탕으로 다음 제목의 글을 완성해 보세요.

 키오스크, 있어야 할까, 없어도 될까?

경험 얼마 전에 _____ 에서 키오스크를 사용해 본 적이 있다. 그때 나는 키오스크가 편리하다 / 불편하다고 느꼈다.

의견과 이유

_____

_____

_____

_____

_____

_____

_____

마무리 그래서 나는 키오스크가 _____

> 키오스크 사용이 앞으로 어떻게 되면 좋을지 써 보며, 글을 마무리해 보세요.

_____

_____ 고 생각한다.

이런 표현 써 보기

이유를 나타내고 싶을 때

- 그 이유는
- 그 까닭은
- ~서
- 그렇게 생각한 근거는
- ~(이)기 때문이다

PART 1 현상과 의견

04 ☆☆★

얼룩말 세로야, 미안해

쓰기 전 | 신문 읽기

서울 어린이대공원의 얼룩말 '세로'가 동물원을 탈출하는 소동이 벌어졌다. 엄마 아빠를 모두 잃고 형제들과도 헤어져 홀로 지내던 세로가 동물원 울타리를 부수고 탈출한 것이다.

동물원 측은 세로의 탈출을 동물원 시설의 문제와 짝이 없이 지내던 외로움 때문으로 판단했다. 이에 울타리를 더 튼튼하게 만들어 탈출을 막고, 세로의 짝을 데려와 외로움을 달래 주겠다는 계획을 밝혔다. 그러나 동물원 측의 대응이 근본적인 해결책이 아니라며 비판하는 사람들도 많다. 이들은 얼룩말은 원래 드넓은 초원에서 다른 얼룩말들과 함께 살아가야 하는데, 동물원에 갇혀 사는 것, 그 자체가 문제라고 주장한다. 또한 동물원 동물들의 이상 행동을 어쩌다 하게 된 귀여운 일탈로 해석해서는 안 된다고 말한다.

동물원에 갇혀 사람들의 구경거리가 된 동물들과 그들을 보며 즐거워하는 사람들. 정말 괜찮은 것일까? 동물들의 희생을 통해 즐거움을 얻는 것이 과연 옳은 일인지 모두가 생각해 볼 문제이다.

신문 읽고 | 주제 확인

◎ 다음 문장에 들어갈 단어들을 써 보세요.

얼룩말 세로의 [　　　　　　] 사건을 두고 동물원 측의 해결책은 근본적이지 않으며, 동물원에서 갇혀 살아가는 동물들의 [　　　　] 이 옳은 일인지에 대해 생각해 봐야 한다는 의견이 제기되고 있다.

텍스트 구조화

◎ 기사의 주요 내용을 도형의 빈칸에 써서 텍스트를 구조화해 보세요.

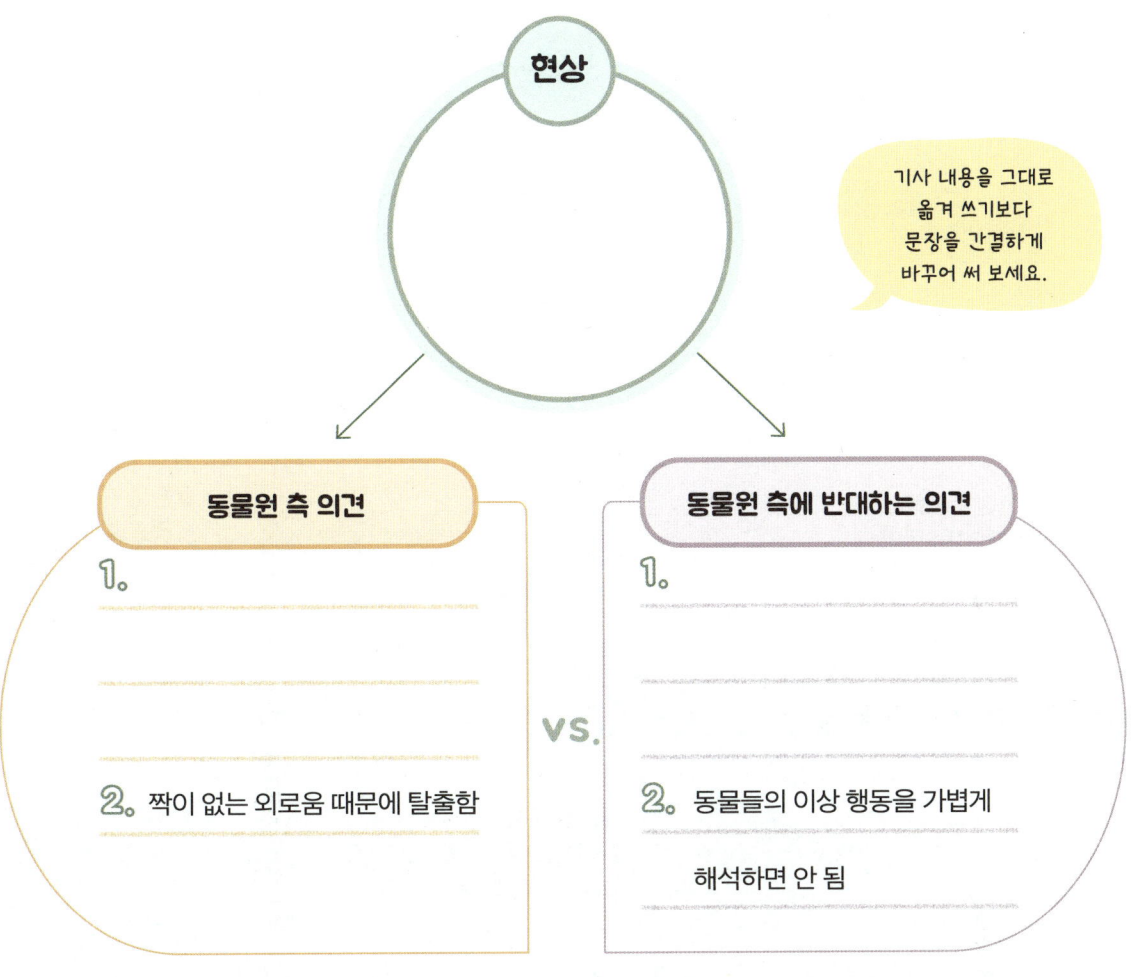

기사 내용을 그대로 옮겨 쓰기보다 문장을 간결하게 바꾸어 써 보세요.

현상

동물원 측 의견
1.
2. 짝이 없는 외로움 때문에 탈출함

vs.

동물원 측에 반대하는 의견
1.
2. 동물들의 이상 행동을 가볍게 해석하면 안 됨

기사 속 표현 | 한 문장

◎ 다음 표현을 사용하여 문장을 만들어 보세요.

근본적

근본적: 사물의 본질이나 바탕이 되는 것

예) 저출생의 원인을 철저히 알아내서 근본적인 해결책을 마련해야 한다.

생각 쓰기 | 글 한 편

◎ 여러분은 동물원에 대해 어떻게 생각해요? 다음 질문을 따라가며 여러분의 생각을 끌어내 보세요.

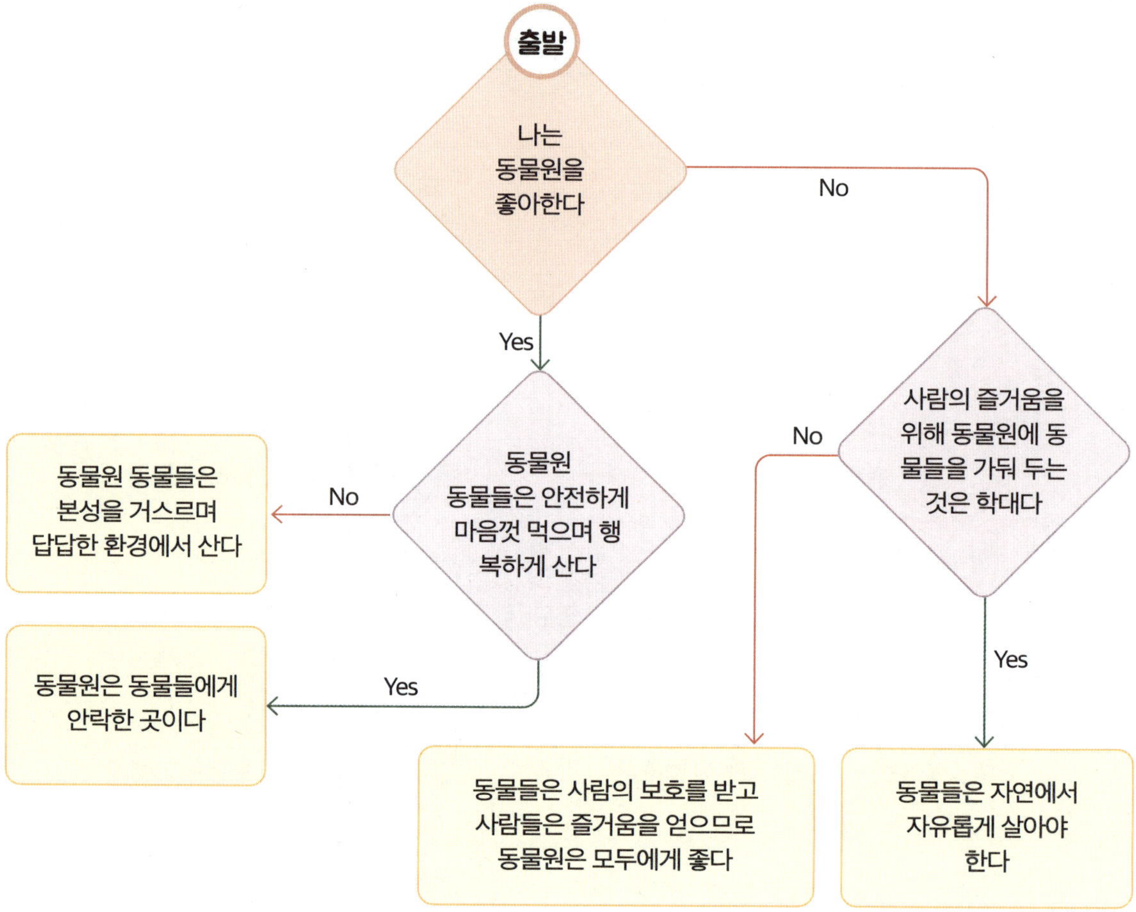

출발

나는 동물원을 좋아한다
- No → 사람의 즐거움을 위해 동물원에 동물들을 가둬 두는 것은 학대다
  - No → 동물들은 사람의 보호를 받고 사람들은 즐거움을 얻으므로 동물원은 모두에게 좋다
  - Yes → 동물들은 자연에서 자유롭게 살아야 한다
- Yes → 동물원 동물들은 안전하게 마음껏 먹으며 행복하게 산다
  - No → 동물원 동물들은 본성을 거스르며 답답한 환경에서 산다
  - Yes → 동물원은 동물들에게 안락한 곳이다

◎ 쓰기 전, 여러분의 생각을 메모해 보세요.

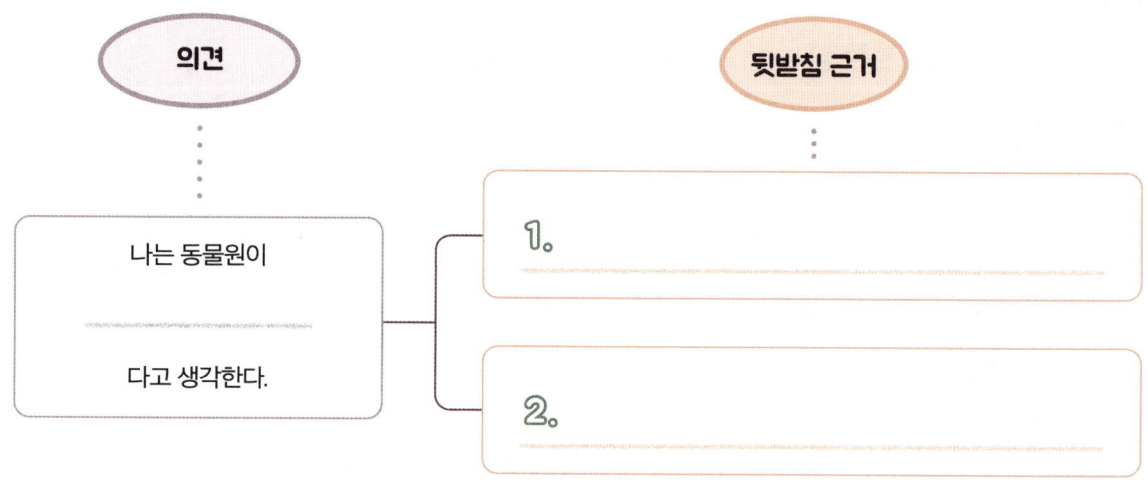

의견: 나는 동물원이 _____ 다고 생각한다.

뒷받침 근거:
1. _____
2. _____

◎ 메모한 내용을 바탕으로 다음 제목의 글을 완성해 보세요.

동물원에 대해 우리가 생각해 봐야 할 것들

얼마 전, 서울대공원에서 살던 얼룩말 세로가 탈출하는 소동이 벌어졌다. 이 소동으로 동물원에서 살아가는 동물들의 삶에 대해 다시 한번 생각해 봐야 한다는 목소리가 높아졌다. 동물원은 동물들에게 안전하고 편안한 곳일까?

나는 동물원이 _____ 다고 생각한다. 이에 대한 근거는 다음과 같다. 먼저, _____

근거

_____

_____

_____

_____

_____

_____

마무리

_____

_____

> 기사를 읽고 느낀 점을 솔직하게 써 보며 글을 마무리해 보세요.

이런 표현 써 보기

근거를 차례대로 나타내고 싶을 때

- 첫째
- 둘째
- 셋째

- 먼저
- 우선
- 다음으로

- 마지막으로
- 끝으로

PART 1 현상과 의견

그들은 햄버거를 두고
거짓말을 했을까, 안 했을까

쓰기 전 | 신문 읽기

햄버거 프랜차이즈 버거킹을 상대로 100여 명의 미국 소비자들이 소송*을 제기했다. 소비자들은 버거킹의 대표 메뉴인 와퍼가 과대광고라고 주장하고 있다. 광고 속 와퍼는 내용물이 많아서 흘러내리기도 하고 실제보다 35%, 고기는 두 배 이상 더 커 보이지만 실제 주문한 햄버거는 부실하기 짝이 없다는 것이다. 소비자들은 버거킹이 광고한 것보다 가치가 떨어지는 제품을 팔아 소비자들에게 손해를 끼쳤다고 말한다.

이에 대해 버거킹 측은 반박에 나섰다. 실제 구입한 버거와 광고 이미지는 달라 보일 수는 있지만 광고에 사용한 패티는 고객에게 제공하는 것과 동일하다는 것이다. 광고에서는 버거 패티를 앞으로 움직인다거나, 더 작은 빵을 사용해 패티가 큰 것처럼 보이게 하는 것일 뿐, 다른 재료를 사용한 것이 아니므로 문제가 없다는 입장이다.

법원은 누구의 손을 들어 줄까? 오랫동안 논란이 되어 온 만큼, 앞으로 어떻게 될지 귀추가 주목된다.

*소송: 법률상의 판결을 법원에 요구함

신문 읽고 | 주제 확인

> 이 기사를 요약한다면 어떤 단어가 필요할까요?

◎ 기사의 핵심 단어를 모두 골라 보세요.

- 버거킹
- 소송
- 햄버거
- 소비자
- 대표
- 과대광고
- 두 배
- 구입
- 반박하다

텍스트 | 구조화

◎ 기사의 주요 내용을 도형의 빈칸에 써서 텍스트를 구조화해 보세요.

사건

미국의 소비자들이 버거킹을 상대로 소송 제기

〈소비자의 입장〉

〈버거킹 측 입장〉

기사 속 표현 | 한 문장

◎ 다음 표현을 사용하여 문장을 만들어 보세요.

귀추가 주목되다

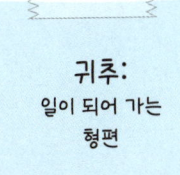

귀추:
일이 되어 가는 형편

예) 이번 대통령 선거에서 어느 후보가 당선될지 귀추가 주목된다는 기사를 읽었다.

생각 쓰기 | 글 한 편

◎ 광고만 보고 물건을 샀다가 실망한 적이 있어요? 경험 유무에 따라 둘 중 하나를 선택해 여러분의 생각을 메모해 보세요.

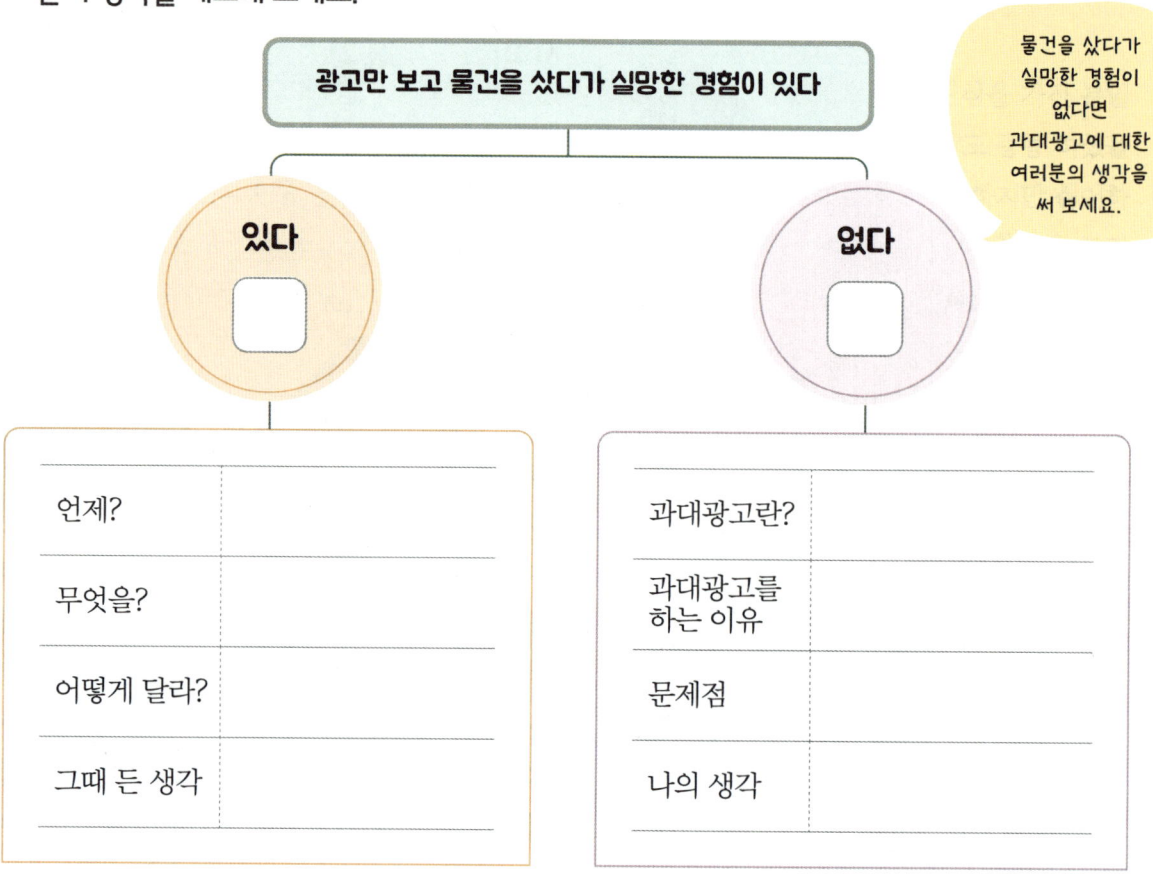

◎ 메모한 내용을 바탕으로 제목을 정하고 과대 광고와 관련한 글을 완성해 보세요.

제목:

더 멋진 글로 완성하고 싶다면?

이 글을 시작할 때

경험이 있다면,	경험이 없다면,
"나는 광고만 보고 샀다가 실망한 적이 있다. 몇 달 전 나는 ** 광고를 보고 인터넷으로 물건을 구입했다."	"과대광고란 상품의 내용을 실제보다 과장하여 광고하는 것을 말한다. 기업들이 과대광고를 하는 이유는…"

과 같이 시작할 수 있어요.

06 ☆★★

다시 태어난 찰리와 초콜릿 공장

쓰기 전 | 신문 읽기

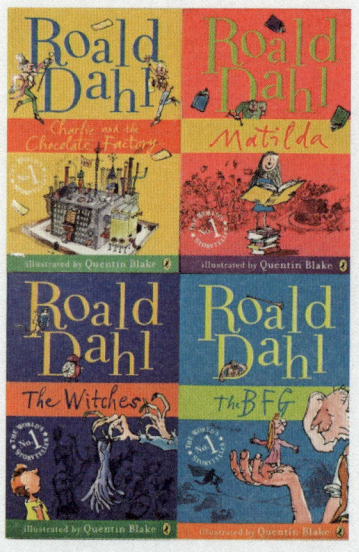

1990년에 세상을 떠난 아동 문학 작가인 로알드 달은 『찰리와 초콜릿 공장』, 『마틸다』 등으로 큰 인기를 얻었지만, 작품 속 인종 차별과 여성 혐오의 표현 때문에 지속적인 비난을 받아 왔다.

이에 영국의 출판사는 작품 속 차별적인 언어들을 'PC(Political Correctness)운동*'이라 불리는 '정치적 올바름'에 맞게 편견 없는 어휘로 대폭 수정했다. 예를 들면, '뚱뚱한(fat)' 대신 '거대한(enormous)'으로, 소인족을 묘사하는 말은 '아주 작은(tiny)' 대신 '작은(small)'으로 바꾸었다. 『마틸다』의 경우, 주인공이 남성 작가의 소설 대신 여성 작가 소설을 즐겨 읽는 것으로 교체했다.

사회적 변화와 더불어 올바른 표현을 사용해 나가는 것은 합당한 일이라며 출판사의 수정을 지지하는 입장도 있는 반면, 문학적 표현을 마음대로 검열하고 고치는 것은 터무니없는 일이라며 비판하는 입장도 있다. 이와 같은 두 입장이 팽팽하게 맞서 논란은 계속되고 있다.

＊PC(Political Correctness)운동: 정치적 올바름이라고 불리는 pc 운동은 인종과 성별, 종교, 직업 등에 관해 약자에 대한 편견이 섞인 표현을 쓰지 말자는 사회적인 운동을 말함

신문 읽고 | 주제 확인

◎ 다음 문장에 들어갈 단어들을 써 보세요.

영국의 출판사는 로알드 달 작품 속 ☐☐☐☐☐☐☐☐ 의 표현을 ☐☐☐☐☐☐☐ 로 바꾸었는데, 이에 대해 비판하는 사람들도 많다.

텍스트 | 구조화

◎ 기사의 주요 내용을 도형의 빈칸에 써서 텍스트를 구조화해 보세요.

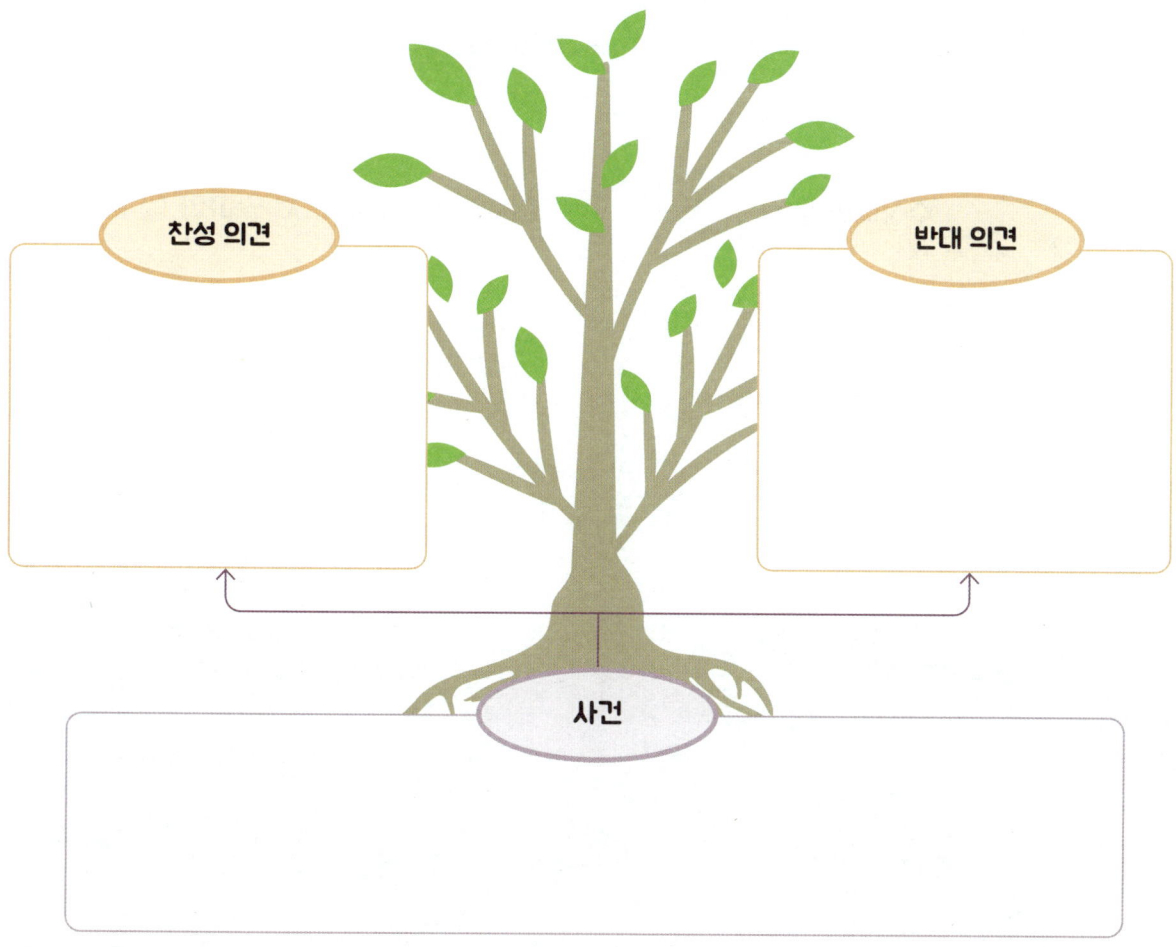

기사 속 표현 | 한 문장

◎ 다음 표현을 사용하여 문장을 만들어 보세요.

지속적

지속적:
어떤 상태가 오래
계속되는 것

예) 글을 잘 쓰려면 글을 자주 쓰는 것뿐만 아니라, 지속적인 독서가 필요하다.

생각 쓰기 | 글 한 편

◎ 어린이들이 읽는 책에 차별과 편견이 섞인 표현이 있다면, 이것을 올바른 말로 고쳐야 할까요? 아니면 작가의 생각을 존중해서 그대로 두는 게 좋을까요?
<u>둘 중 하나의 의견을 선택해</u> 체크(∨)하고 여러분의 생각을 메모해 보세요.

수정해야 함 ☐

1. 아이들이 나쁜 말을 배우면 안 되기 때문에

2.

수정하지 말아야 함 ☐

1. 작가가 쓴 표현은 내용과 관련해 이유가 있을 것이므로

2.

◎ 메모한 내용을 바탕으로 다음 제목의 글을 완성해 보세요.

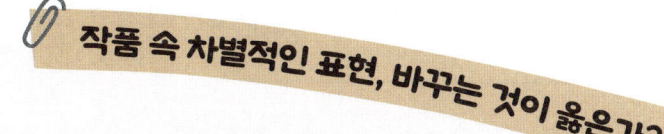

작품 속 차별적인 표현, 바꾸는 것이 옳은가?

　　로알드 달 작품 속에 나오는 차별적인 표현을 출판사가 올바른 표현으로 수정한 것에 대해 찬반 의견이 팽팽하게 맞서고 있다. 나는 이에 대해 작품 속에 차별과 편견이 섞인 표현이 나오면 그 표현을 수정해야 한다고/나와도 수정하면 안 된다고 생각한다.

내 의견을 지지할 근거

마무리

07 ☆★★ 아이들이 태어나지 않는 나라, 벼랑 끝의 한국

쓰기 전 | 신문 읽기

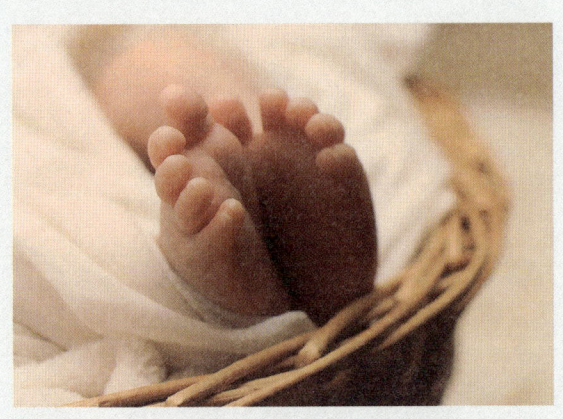

저출생·고령화 현상이 가속화되면서 한국의 인구가 가파르게 줄어들고 있다. 통계청에 따르면, 2023년 6월 인구는 8,205명이 자연 감소한 것으로 나타났는데, 이는 인구 통계를 작성하기 시작한 이래 가장 크게 줄어든 수치다.

지난해 최저치를 기록한 0.78명의 출산율은 올 상반기에 0.70명으로 더 떨어졌다. 이 추세라면 2035년에는 서울의 학생 수마저 올해의 절반 수준으로 떨어질 것으로 예상된다.

전문가들은 인구 절벽*이 이제 정말 현실화가 됐다고 한다. 2750년에는 한국이 지구상 최초의 인구 소멸 국가가 될 수 있다는 의견을 내놓은 학자도 있다. 적극적인 이민 정책을 당장 시행해 인구 감소를 막아야 한다고 주장하는 전문가들도 늘고 있다. 그러나 이민 정책에 대해 우려하는 목소리도 있다. 인구 절벽은 여러 사회적 문제가 혼재되어 나타나는 현상이므로 이민 정책, 경제적 지원 정책 등 한두 가지 방법으로는 해결할 수 없다는 것이다.

＊인구 절벽: 생산가능인구(15~64세)의 비율이 급속도로 줄어드는 현상

신문 읽고 | 주제 확인

◎ 다음 문장에 들어갈 단어들을 써 보세요.

급격한 인구 ☐☐☐ 로 한국의 ☐☐☐☐☐☐ 이 현실화가 되었으며, 이에 대해 전문가들은 대책을 제시함과 동시에 우려의 목소리를 내고 있다.

텍스트 구조화

◎ 기사의 주요 내용을 도형의 빈칸에 써서 텍스트를 구조화해 보세요.

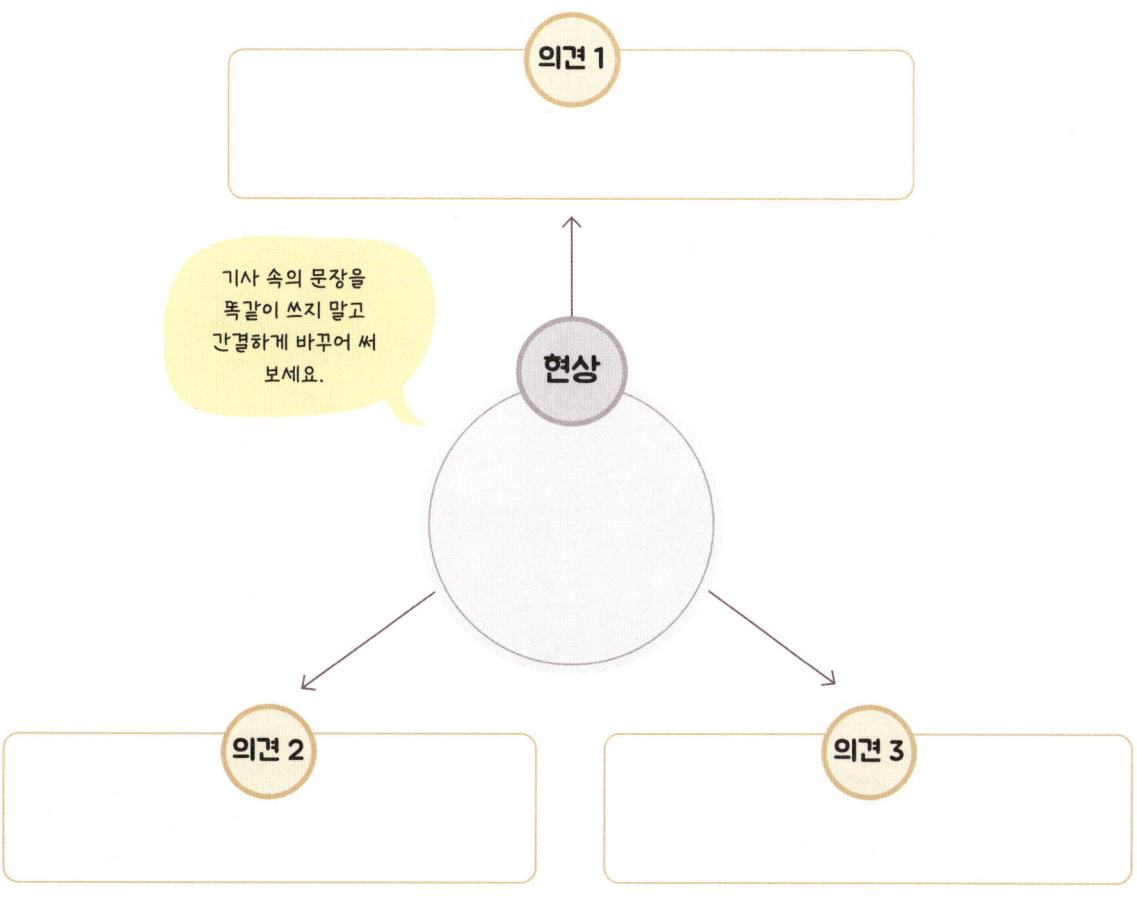

기사 속의 문장을 똑같이 쓰지 말고 간결하게 바꾸어 써 보세요.

기사 속 표현 | 한 문장

◎ 다음 표현을 사용하여 문장을 만들어 보세요.

추세

추세: 어떤 현상이 일정한 방향으로 나아가는 경향

예) 한국은 몇 년 전부터 급격한 인구 감소 추세를 보이고 있다.

생각 쓰기 | 글 한 편

◎ 아이들이 태어나지 않는 나라를 상상해 보세요. 어떤 일이 벌어질까요?
예시를 보면서 여러분의 생각을 끌어내 보세요.

아이들이 태어나지 않는다면?

- 학교가 사라진다.
-
- 젊은 사람들이 줄어들어 일할 사람이 부족하다.

◎ 여러분의 생각을 메모해 보세요.

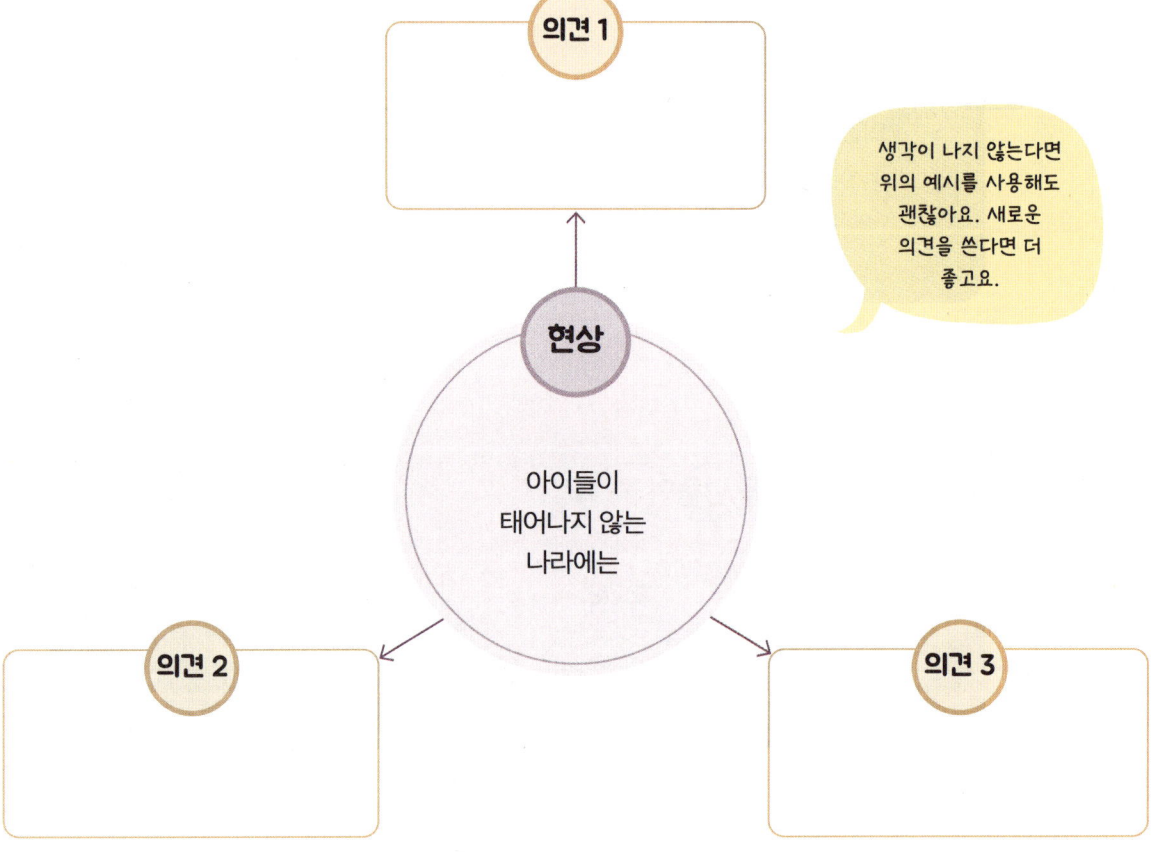

생각이 나지 않는다면 위의 예시를 사용해도 괜찮아요. 새로운 의견을 쓴다면 더 좋고요.

◎ 메모한 내용을 바탕으로 다음 제목의 글을 완성해 보세요.

아이들이 태어나지 않는 나라에는 무슨 일이 벌어질까?

발생할 현상

_____
_____
_____
_____
_____
_____
_____
_____
_____
_____
_____
_____

마무리

따라서 우리는 _____
_____
_____
_____
_____

제목:

쓰기 전 | 신문 읽기

한국 인터넷 회사 SK브로드밴드와 콘텐츠를 만드는 회사 넷플릭스가 3년 동안 망 사용료 때문에 다투고 있다.

지난 3년간 넷플릭스의 인기가 높아지면서 한국의 넷플릭스 이용자가 많아져 데이터 사용량이 24배로 대폭 늘었다. 이 때문에 SK브로드밴드는 지난 3년간 많은 돈을 들여 설비투자를 했다. SK브로드밴드는 넷플릭스 때문에 전체 이용자들의 인터넷 사용료를 높일 수는 없으니 넷플릭스가 사용료를 내야 한다고 주장하고 있다. 이에 넷플릭스는 망 사용료를 낼 수 없다고 주장한다. 인터넷 이용자들에게서 이용료를 받으면서 왜 자신들에게도 사용료를 내라는 거냐고 말한다. 여기에 구글도 한목소리로 힘을 보태고 있다.

넷플릭스와 같은 콘텐츠 회사가 인터넷 이용을 하면서도 돈을 내지 않으니 무임승차*를 하고 있다고 비판하는 사람들도 있고, 넷플릭스가 망 사용료를 내게 되면 결국 넷플릭스 고객들의 구독료가 비싸질 거라고 걱정하는 사람들도 있다. 이들 다툼의 해결책은 무엇일까?

＊무임승차: 차비를 내지 않고 차를 탄다는 뜻으로, 이득을 얻지만 그에 대한 대가를 내지 않는 것

신문 읽고 | 주제 확인

◎ 기사의 제목을 자유롭게 지어 보세요.

> 여러분만의 표현으로 흥미로운 제목을 지어 보세요.

제목:

텍스트 | 구조화

◎ 기사의 주요 내용을 도형의 빈칸에 써서 텍스트를 구조화해 보세요.

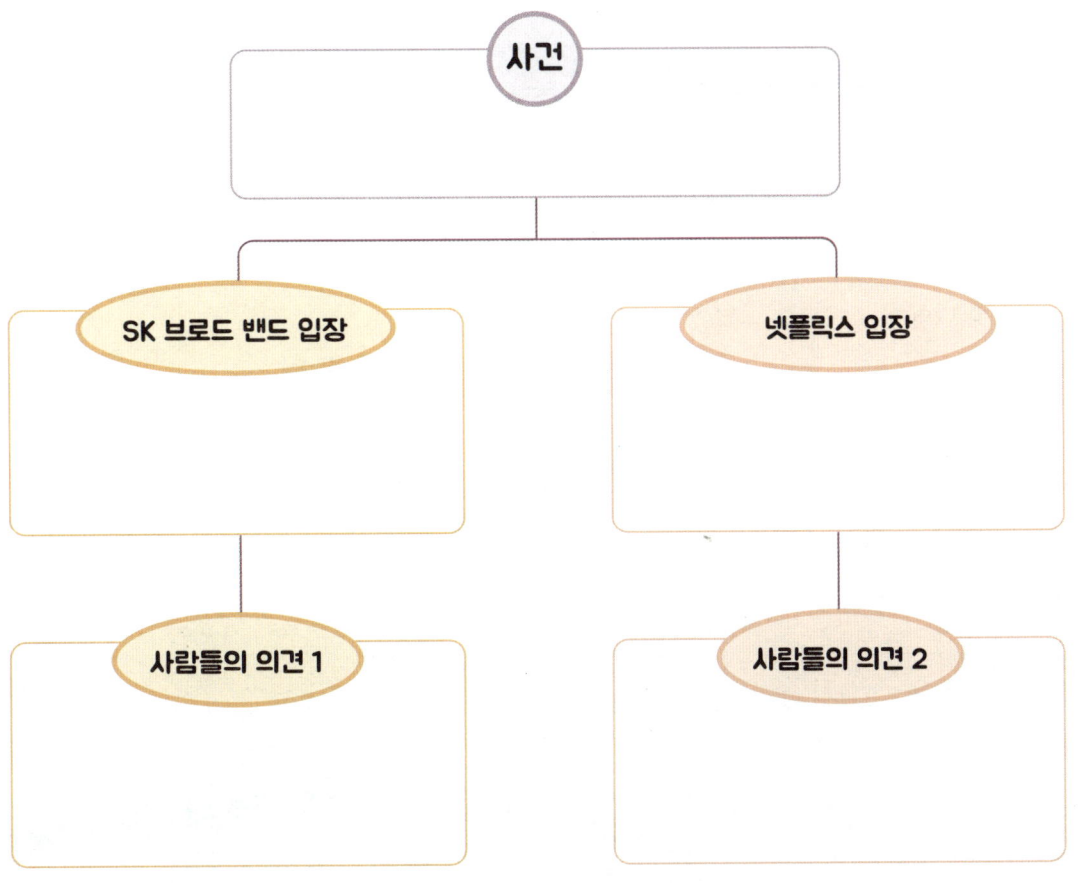

기사 속 표현 | 한 문장

◎ 다음 표현을 사용하여 문장을 만들어 보세요.

대폭

대폭:
썩 많이

예) 올여름 전기 요금이 **대폭** 올라 울상을 짓는 사람들이 늘었다.

생각 쓰기 | 글 한 편

◎ 여러분은 '무임승차'하는 친구들을 본 적이 있어요? 아래의 예시를 참고하여 여러분의 생각을 메모해 보세요.

이렇게 써 볼 수 있어요!

누가	이슬이
언제	지난주 목요일 사회 모둠 활동
어디에서	교실
무엇을	<우리 고장의 특징>에 대해 쓰는 과제를 할 때, 이슬이만 공책에 그림 그리며 놀았음. 발표할 때 이슬이는 자기도 열심히 한 것처럼 말해서 열심히 참여한 다른 친구들과 같은 점수를 받음.
나의 생각	이슬이의 행동은 무임승차임. 무임승차는 자신의 이득만 얻어가는 얌체 같은 행동임.

이제는 내가 써 볼 차례!

누가	
언제	
어디에서	
무엇을	
나의 생각	

◎ 메모한 내용을 바탕으로 다음 제목의 글을 완성해 보세요.

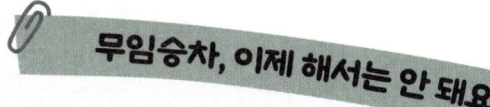

나의 경험

_____
_____
_____
_____
_____
_____
_____
_____

무임승차에 대한 나의 생각

_____
_____
_____
_____
_____
_____
_____

 더 멋진 글로 완성하고 싶다면?

경험을 쓸 때는

"지난주 과학 실험실에서 있었던 일이다."
 (언제) (어디에서)

"지난주 과학 시간에 우리 반은 ** 실험을 했다."
 (언제)   (누가)   (무엇을)

와 같이 시작할 수 있어요.

○○들은 들어올 수 없는
이곳은 노○○존

쓰기 전 | 신문 읽기

2011년, 한 식당에서 아이가 화상을 입는 사고가 발생했는데, 식당의 책임을 70%, 부모의 책임을 30%로 본다는 법원의 판결이 났다. 이 일로 노키즈존을 내건 가게들이 크게 늘었다.

노키즈존 가게들은 시끄럽게 떠들고 뛰어다니는 아이들 때문에 불편해하는 손님들을 배려하려면 노키즈존을 선택해야 한다고 말한다. 조용한 분위기에서 식사하고 커피를 마시고 싶은 어른 손님들을 위해서는 _____.

그러나 노키즈존은 특정한 사람들을 가게에 들어오지 못하게 함으로써 차별의 문제를 불러일으킨다. 노키즈존을 시작으로 40대 이상의 손님을 거부하는 노중년존, 중고등학생의 출입을 막는 노유스존도 생겨나기 시작했다. 가게 영업의 자유와 특정한 사람들이 차별받지 않을 권리, 이 모든 가치를 어떻게 지킬 수 있을지에 대한 진지한 논의가 필요하다.

신문 읽고 | 주제 확인

◎ 기사의 빈칸을 채워 문장을 완성해 보세요.

조용한 분위기에서 식사하고 싶은 어른 손님들을 위해서는 _____.

텍스트 구조화

◎ 글의 구조를 한눈에 알아보기 쉽게 <u>도형으로 그려 보고</u>, 기사의 주요 내용을 도형에 써서 텍스트를 구조화해 보세요

> 앞에서 연습한 텍스트 구조화 도형들을 참고해 직접 그려보세요.

기사 속 표현 | 한 문장

◎ 다음 표현을 사용하여 문장을 만들어 보세요.

~에 대한 논의가 필요하다

논의:
어떤 문제에 대하여 서로 의견을 내어 토의함. 또는 그런 토의

예) 일본의 오염수 방류에 대한 더 깊이 있는 논의가 필요하다.

PART 1 현상과 의견

생각 쓰기 | 글 한 편

◎ 노키즈존이 늘어나는 현상에 대해 여러분들은 어떤 입장이에요? 찬성과 반대 중 하나를 선택해 체크(∨)하고 여러분의 생각을 메모해 보세요.

찬성 ☐
- 조용하게 식사하고 싶은 사람들 배려
-

반대 ☐
- 노키즈존은 특정 사람들에 대한 차별
-

더 멋진 글로 완성하고 싶다면?

찬성 또는 반대 입장을 쓸 때는

내 입장과 반대되는 쪽의 의견이나 주장을 먼저 가볍게 인정한 다음,
나의 주장을 밝히면 더 설득력이 있어요. 예를 들면,

"조용하게 식사하고 싶은 사람들의 권리를 보장하는 것도 중요하다.
(나와 반대되는 입장의 근거)

그러나 소란을 피우는 몇몇 아이들 때문에 모든 아이들의 출입을 막는 것은
옳지 않다. 또 식당이 시끄러운 이유가 항상 아이들 때문만은 아니다.
그럼에도 불구하고 어린이라는 이유로 식당 출입을 막는 것은
아이들에 대한 명백한 차별 행위이다."

와 같이 쓸 수 있어요.

◎ 메모한 내용을 바탕으로 제목을 정하고 노키즈존에 관한 글을 완성해 보세요.

제목:

내가 쓴 글 검토해 보기

여러분의 글을 스스로 검토하면서 표정에 체크해 보세요.	😊	😐	😠
1. 글을 흥미롭게 시작했다			
2. 글을 뒷받침하는 예시나 근거를 충분히 썼다			
3. 글을 마무리하는 문장을 썼다			
4. 다양한 표현을 쓰려고 노력했다			
5. 앞뒤 문장의 내용이 자연스럽게 연결됐다			

10 ★★★

오염수가 흘러가도 바다는 아파하지 않을까

쓰기 전 | 신문 읽기

여러 논란을 뒤로한 채, 일본은 2023년 8월 24일 1시부터 후쿠시마 제1 원자력 발전소 오염수를 바다로 방류하기 시작했다.

일본 정부는 오염수 내 여러 방사성 물질을 깨끗하게 제거하고, 처리하기 힘든 삼중 수소의 경우 바닷물로 희석해 안전한 농도로 흘려보내므로 오염수 방류는 안전하다고 주장한다. 한국 정부 역시 오염수 방류 후 방사성 물질 농도를 측정한 결과, 안전한 수준이라며 안심해도 된다는 입장을 밝혔다.

그러나 여전히 우려의 목소리는 거세다. 일본 민간단체는 정부가 바다를 핵 쓰레기장으로 만들고 있다면서 반대 운동을 계속하고 있고 중국은 일본산 수산물 수입 금지에 나섰다. 오염수는 30년가량 방류될 것으로 예상되지만 현재도 계속 오염수가 발생하고 있어, 방류를 언제 끝낼 수 있을지 확신할 수 없다. 또한 계속되는 오염수 방류가 바다 생태계에 미칠 영향도 예측할 수 없어 사람들을 불안하게 한다.

신문 읽고 | 주제 확인

◎ 기사의 핵심 단어를 모두 골라 보세요.

오염수   안전하다   방류   수산물

반대하다   수입   밝히다   일본   물질

텍스트 구조화

◎ 글의 구조를 한눈에 알아보기 쉽게 도형으로 그려 보고, 기사의 주요 내용을 도형에 써서 텍스트를 구조화해 보세요.

기사 속 표현 한 문장

◎ 다음 표현을 사용하여 문장을 만들어 보세요.

입장

입장:
바로 눈앞에 처하고 있는 처지나 상황. 또는 그런 처지에 대한 태도

예) 수아는 누구의 편도 들 수 없다는 입장을 단호하게 밝혔다.

생각 쓰기 | 글 한 편

◎ 일본 오염수 방류와 관련해, 여러분은 어떤 입장이에요? 둘 중 <u>하나의 의견</u>을 선택해 체크(∨)하고 여러분의 생각을 메모해 보세요.

사건

일본의 오염수 방류

> 앞에서 읽은 내용을 근거로 사용해도 좋아요. 새로운 정보를 찾아서 근거로 쓴다면 더 좋고요!

의견 1

오염수 방류는 안전하다 ☐

근거:

의견 2

오염수 방류는 위험하다 ☐

근거:

◎ 메모한 내용을 바탕으로 제목을 정하고, 일본 오염수 방류에 대한 글을 완성해 보세요.

📎 제목:

_____
_____
_____
_____
_____
_____

56 똑똑한 초등 글쓰기

내가 쓴 글 검토해 보기

여러분의 글을 스스로 검토하면서 표정에 체크해 보세요.	☺	😐	☹
1. 글을 흥미롭게 시작했다			
2. 글을 뒷받침하는 예시나 근거를 충분히 썼다			
3. 글을 마무리하는 문장을 썼다			
4. 다양한 표현을 쓰려고 노력했다			
5. 앞뒤 문장의 내용이 자연스럽게 연결됐다			

PART 2

정보의 소개

11	제목 :
12	제목 :
13	문어가 친구에게 화가 나면
14	맛있는 귤의 정체를 밝혀라!
15	제목 :
16	패스트패션은 환경오염의 주범
17	막 내린 지구 온난화, 이제는 지구 열대화 시대
18	라니냐 가고 엘니뇨 찾아와
19	미역은 든든한 지구 수호대
20	우리가 살고 있는 시대, 그 이름은 바로 인류세

11 ☆☆★

제목:

쓰기 전 | 신문 읽기

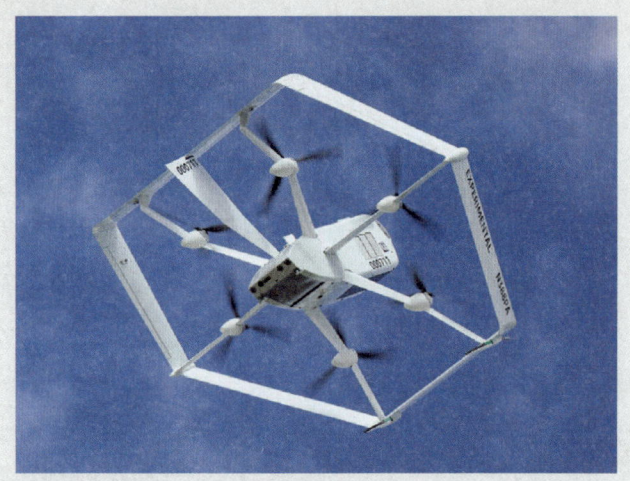

사진출처: 아마존

세계에서 가장 큰 규모의 인터넷 쇼핑몰인 아마존이 '프라임 에어'라는 드론 배송 서비스를 하기 시작했다. 프라임 에어는 2.3kg 미만의 물건을 1시간 이내에 배송하는데, 주소지 마당에 안전한 높이까지 내려와서 배달할 물건을 떨어뜨린다. 이때 아래에 사람이나 반려동물들이 있다면 이를 감지해서 물건을 떨어뜨리지 않는다고 한다.

한국에서는 편의점을 포함한 치킨 업체에서 드론 배달을 적극적으로 준비하고 있다. 교통체증과 관계없이 음식을 빨리 배달할 수 있기 때문에 드론 배달을 시작하려는 업체가 하나둘 늘고 있다. 하지만 국내에서는 아직 해결해야 할 문제가 많다. 미국이나 호주 등의 중소 도시**와 달리** 한국의 대도시는 아파트와 고층 빌딩이 즐비하게 늘어서 있어서 비행이 어렵기 때문이다.

신문 읽고 | 주제 확인

◎ 기사의 제목을 자유롭게 지어 보세요.

제목:

텍스트 | 구조화

◎ 기사의 주요 내용을 도형의 빈칸에 써서 텍스트를 구조화해 보세요.

```
        미국                              한국
    드론 배달 시작                      드론 배달 준비


   아마존 프라임 에어:                교통 체증 관계없이
   _____                  배달 가능



   사람이나 동물을                      해결해야 할 문제:
      감지하고                        _____
   안전하게 물건 배송
```

기사 속 표현 | 한 문장

◎ 다음 표현을 사용하여 문장을 만들어 보세요.

~와 달리

> -와 달리
> 비교가 되는
> 두 대상과 다르게

예) 서연이는 나와 달리 달리기를 포함한 모든 체육 활동을 다 잘한다.

생각 쓰기 | 글 한 편

◎ 드론으로 치킨 배달이 된다면 어떨까요? 어떤 장점과 단점이 있을까요? 쓰기 전, 여러분의 생각을 메모해 보세요.

◎ 메모한 내용을 바탕으로 글을 완성해 보세요.

우리 가족은 주말에 치킨을 자주 배달시켜 먹는다. 그런데 배달 시간이 아주 많이 걸릴 때가 종종 있다. 만약 치킨이 드론으로 배달된다면 어떨까?

장점 ▶ 먼저 _____

_____

_____

_____

_____ 다는 장점이 있을 것이다.

단점 ▶ 그러나 단점도 무시할 수는 없다. _____

_____

_____

_____

_____ 다는 것이 가장 큰 단점일 것이다.

마무리 ▶ _____

_____

_____

_____

12 ☆☆★

제목:

쓰기 전 | 신문 읽기

경제 분야에서 회색코뿔소와 블랙스완이라는 용어를 종종 사용한다. 어떤 뜻일까?

회색코뿔소는 몸집이 커서 저 멀리서도 잘 보이지만 막상 코뿔소를 본 사람들은 어떻게 해야 할지 몰라 머뭇머뭇한다. 이렇게 사람들이 멈칫거릴 때 코뿔소는 순식간에 달려와 공격한다. 이처럼 위험이 닥칠 것을 미리 알았지만, 이것을 무시하거나 제대로 대응하지 못해 큰 위험에 처하는 상황을 '회색코뿔소'라고 한다.

블랙스완은 회색코뿔소의 반대 뜻으로 쓴다. 옛날 사람들은 검은 백조는 세상에 절대 없을 거라고 생각했지만, 1697년, 네덜란드의 한 탐험가가 우연히 검은 백조를 발견하였다. 전혀 예측하지 못했는데 갑자기 검은 백조를 발견한 것처럼, '블랙스완'이라는 말은 도저히 상상할 수 없었던 일이 일어나 큰 충격을 주는 것을 말한다.

신문 읽고 | 주제 확인

◎ 기사의 제목을 자유롭게 지어 보세요.

제목:

텍스트 | 구조화

◎ 기사의 주요 내용을 도형의 빈칸에 써서 텍스트를 구조화해 보세요.

기사 속 표현 | 한 문장

◎ 다음 표현을 사용하여 문장을 만들어 보세요.

도저히

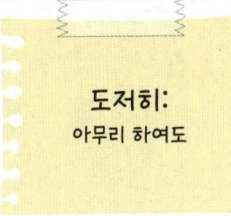

도저히:
아무리 하여도

예) 그 문제는 선생님 설명을 들어도 도저히 이해할 수가 없어서 포기했다.

생각 쓰기 | 글 한 편

◎ 회색코뿔소와 블랙스완과 같은 상황을 경험한 적이 있어요? 둘 중 하나를 선택해 글을 완성해 보세요.

 회색코뿔소

> 언제, 어디에서 벌어진 일이었는지 구체적으로 쓰고, 왜 그 일을 회색코뿔소라고 불리는 상황이라고 생각했는지 그 이유도 써 보세요.

　나는 회색코뿔소라고 불리는 상황을 경험한 적이 있다. 나쁜 일이 생길 것을 알았지만 무시해서 더 큰 나쁜 일이 생긴 것이다. 그 일은 바로 _____

 **블랙스완**

나는 블랙스완이라고 불리는 상황을 경험한 적이 있다. 전혀 예상하지 못했는데 나쁜 일이 생겨 충격을 받은 일 말이다. 그 일은 바로 _____

_____
_____
_____
_____
_____
_____
_____
_____
_____
_____

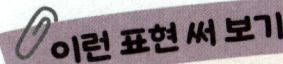 **이런 표현 써 보기**

경험과 감정을 생생하게 나타낼 때

- 하늘이 무너지는 것 같다
- 까무러치게 놀라다
- 앞이 깜깜하다
- 머리를 한 대 얻어맞은 것 같다
- 눈물이 핑 돌다

13 문어가 친구에게 화가 나면

쓰기 전 | 신문 읽기

호주의 과학자들이 10마리의 문어를 24시간 동안 카메라로 살펴본 결과, 문어가 다른 문어에게 조개껍데기를 집어던지는 장면이 관찰됐다.

문어가 조개껍데기나 진흙 덩어리를 던지는 행동은 다른 문어와 상호 작용을 할 때 일어났다. 문어는 보통 화가 났을 때 피부색이 어둡게 변하는데, 피부색이 어두울수록 조개를 더 세게 던지고 정확히 맞혔다. 문어가 물건을 던지려고 다리를 들면, 상대 문어도 다리를 들거나 몸을 숙이면서 자세를 바꿨다.

이것은 문어가 사회성을 가졌다는 것을 보여 주는 근거다. 상대에게 물건을 던진다는 것은 화가 났음을 알리는 의사소통을 하기 위한 하나의 행동이기 때문이다. 물건을 던지는 것은 사람 외에 침팬지나 원숭이, 돌고래 등 집단생활을 하는 몇몇 동물들에게만 보이는 사회적인 행동이다.

신문 읽고 | 주제 확인

◎ 다음 문장에 들어갈 단어들을 써 보세요.

문어는 [   ]면 조개껍데기나 진흙 덩어리를 던지는데, 이것은 상대방에게 화가 났음을 알리는 [   ]의 행동으로, 문어가 [   ]을 가졌음을 보여 준다.

텍스트 | 구조화

◎ 기사의 주요 내용을 도형의 빈칸에 써서 텍스트를 구조화해 보세요.

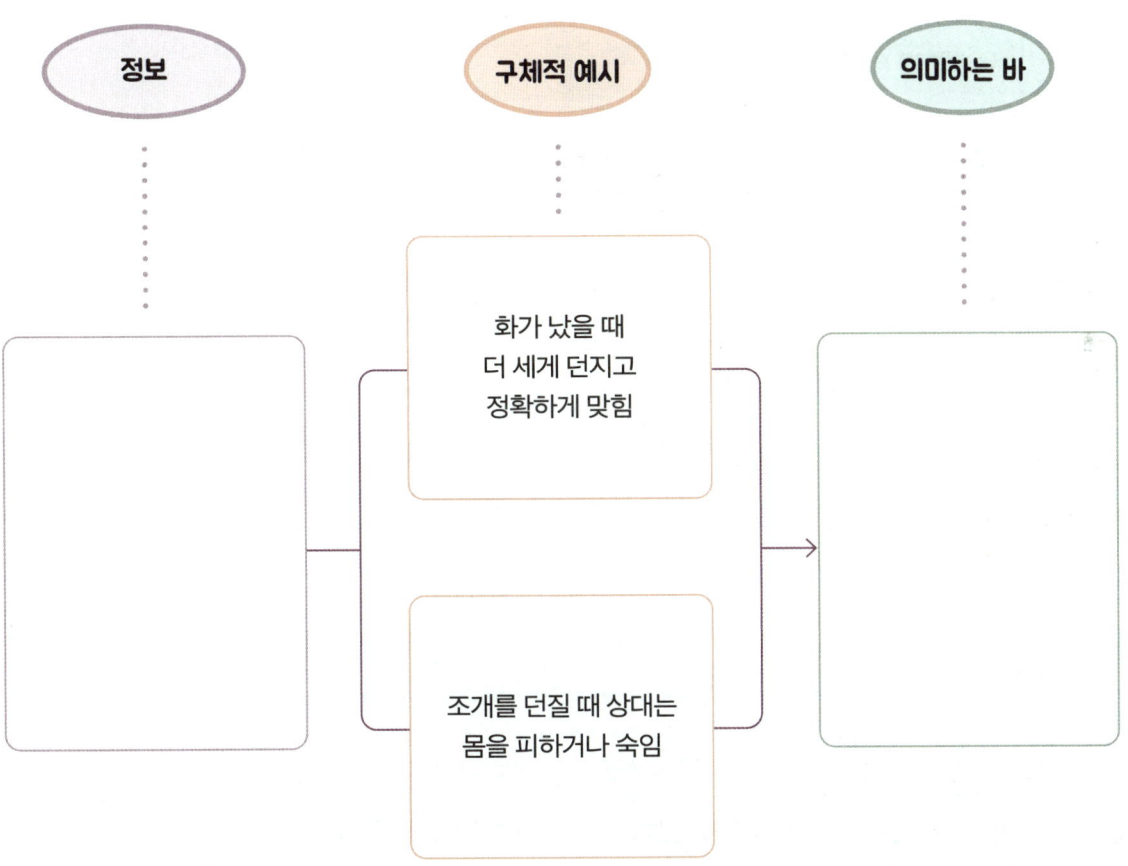

기사 속 표현 | 한 문장

◎ 다음 표현을 사용하여 문장을 만들어 보세요.

외에

외에:
일정한 범위나
한계를 벗어남을
나타내는 말

예) 감기에 걸린 민서는 과일 외에 다른 것은 아무것도 먹지 않았다.

생각 쓰기 | 글 한 편

◎ 우리가 화가 났을 때 다른 사람에게 어떤 행동을 함으로써 화가 났음을 알려요? 예시를 보면서 여러분의 생각을 끌어내 보세요.

이렇게 써 볼 수 있어요!

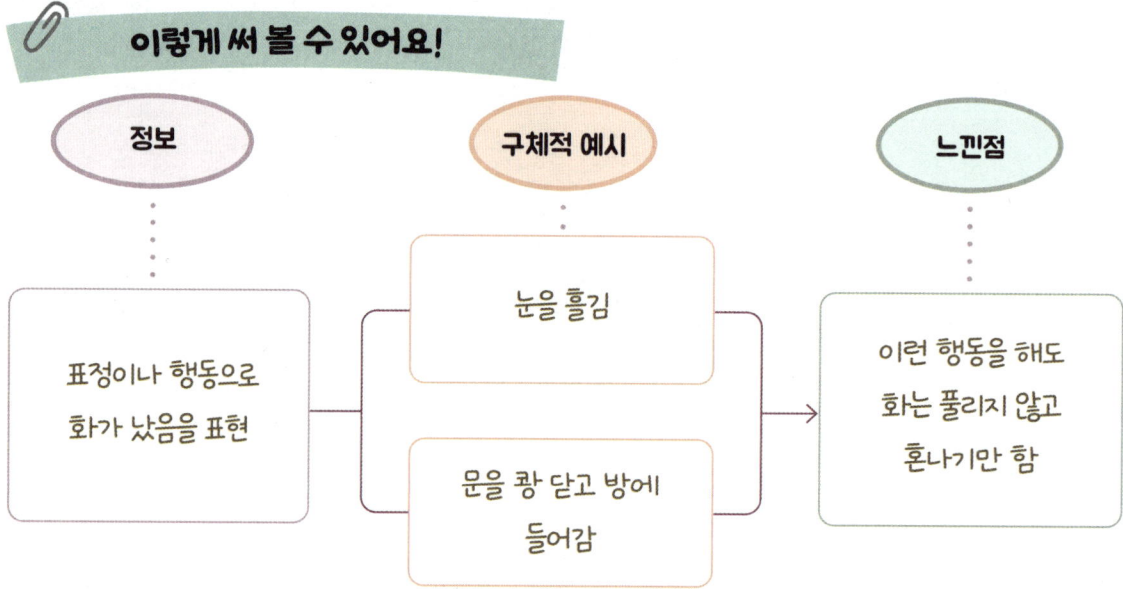

나는 화가 났을 때 표정이나 행동으로 내가 화가 났음을 표현한다. 예를 들면, 동생에게 눈을 흘긴다거나, 부모님에게 화가 났을 때 문을 쾅 닫고 내 방에 들어가는 등의 행동을 한다. 그러나 이런 행동을 해도 화는 풀리지 않고 부모님께 결국 혼이 나는 것으로 끝나고 만다. 그러므로 화가 났다고 해서 이런 행동은 하지 않는 것이 여러모로 더 좋겠다.

이런 표현 써 보기

행동을 생생하게 표현하고 싶을 때

- 펄쩍
- 동동
- 엉엉
- 빽
- 매섭게
- 붉으락푸르락
- 발을 구르다
- 소리를 지르다
- 노려보다
- 엎드려 울다
- 달아오르다

◎ 쓰기 전, 여러분의 생각을 메모해 보고, 메모한 내용을 바탕으로 글을 완성해 보세요.

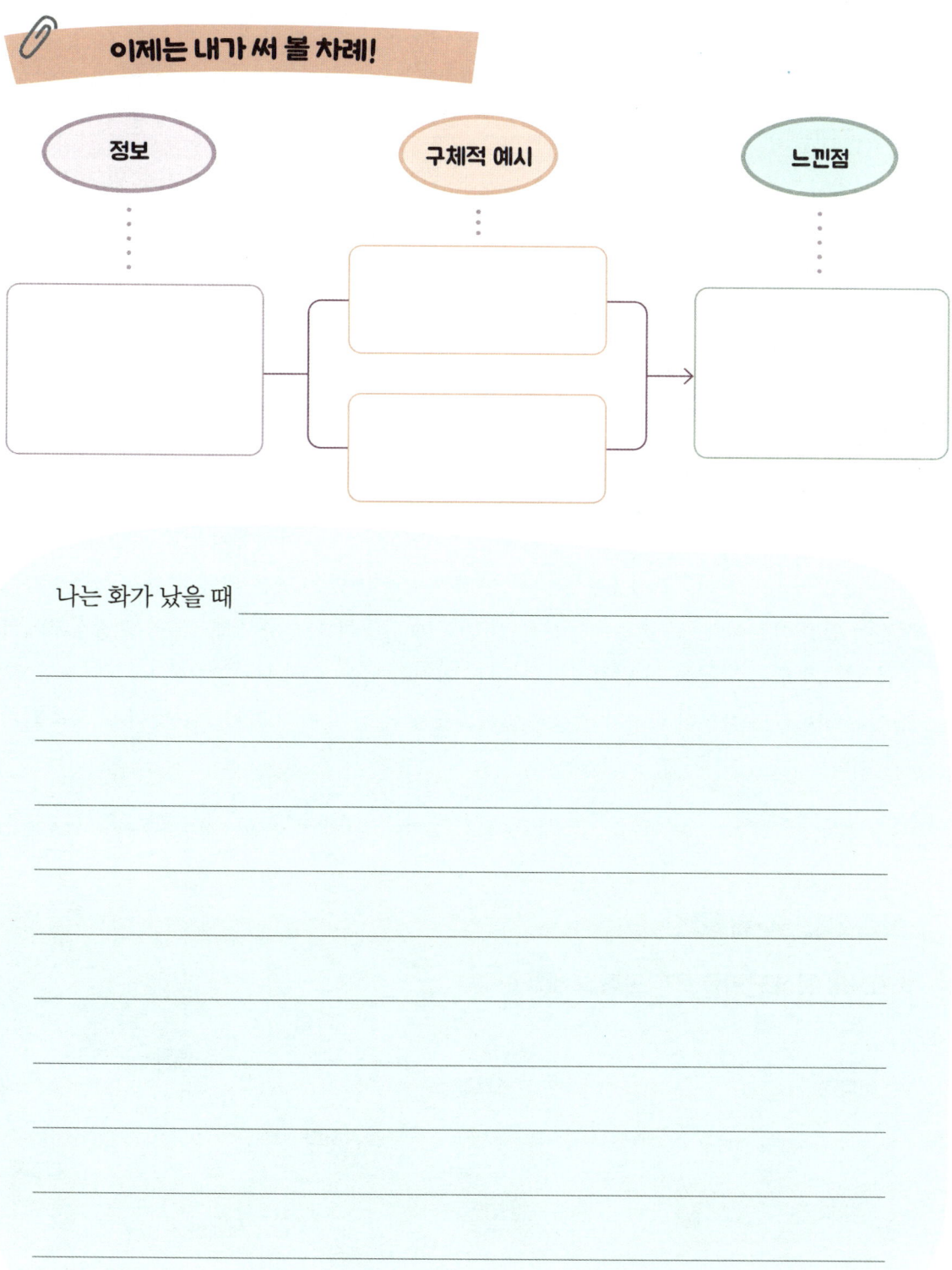

나는 화가 났을 때

14 ★★★ 맛있는 귤의 정체를 밝혀라!

쓰기 전 | 신문 읽기

맛있는 귤에는 비밀이 숨겨져 있다고 한다. 사람은 스트레스를 많이 받으면 몸 여기저기가 아프지만, 귤나무는 스트레스를 많이 받을수록 단맛이 강해진다. 오히려 스트레스를 받지 않고 자란 귤은 단맛이 덜 나는 것이다. 그래서 귤을 재배할 때 일부러 귤나무에 스트레스를 주려고 물을 적게 주거나 재배지를 천으로 덮는 방법을 쓰기도 한다.

또한 귤나무 아래쪽에 달려 있는 귤들이 껍질도 얇고 더 맛있는데, 그 이유는 귤나무 이파리가 품고 있는 당은 위에서 아래로 내려가는 성질이 있기 때문이다. 또 귤은 영양분을 덜 받아야 단맛이 더 많이 나므로, 나무 중심부에서 멀리 떨어져 있는 귤들이 더 달콤하다. 이뿐만 아니라 귤은 오래 보관할수록 더 달아진다. 오래 보관하면 귤의 수분이 날아가 껍질이 얇아지고 원래 귤이 가지고 있던 단맛이 더 농축되기 때문이다.

신문 읽고 | 주제 확인

◎ 기사의 핵심 단어를 모두 골라 보세요.

이파리   귤   스트레스   아래쪽
보관하다
껍질
달다   물   영양분   재배지

텍스트 | 구조화

◎ 기사의 주요 내용을 도형의 빈칸에 써서 텍스트를 구조화해 보세요.

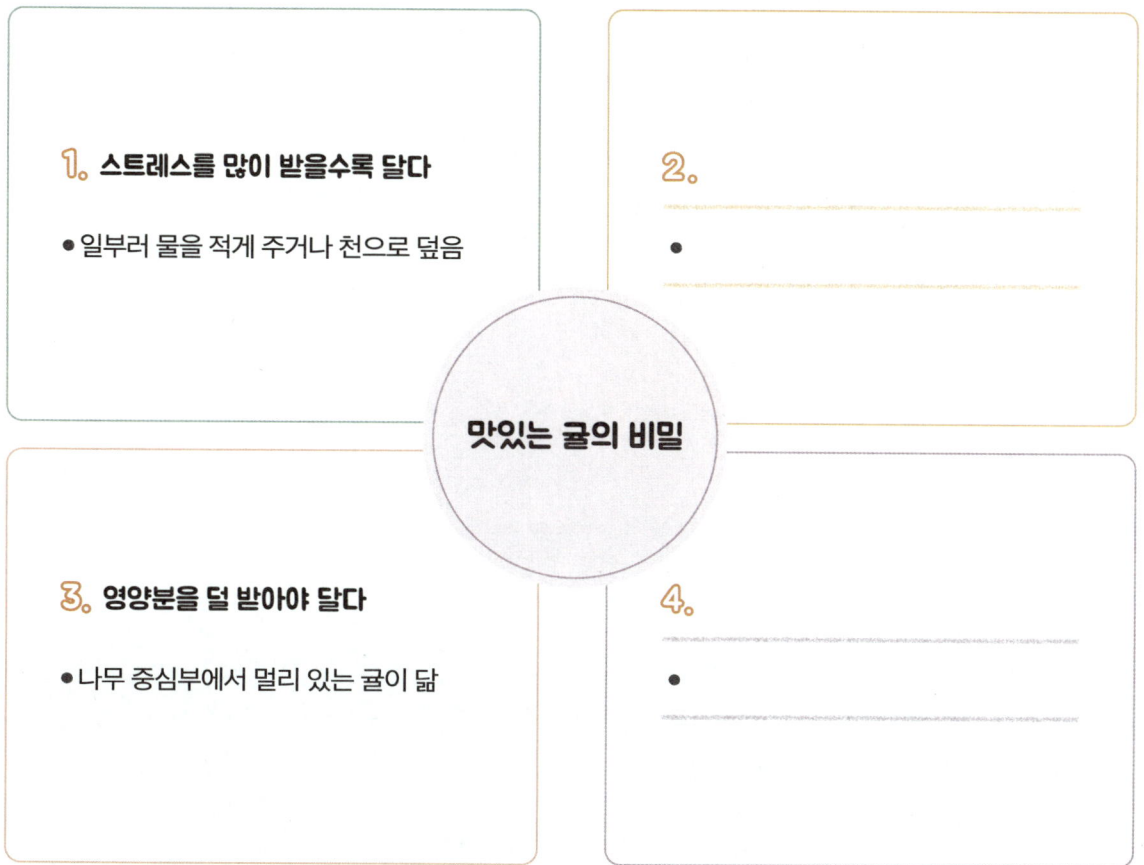

1. 스트레스를 많이 받을수록 달다
   - 일부러 물을 적게 주거나 천으로 덮음

2.
   -

3. 영양분을 덜 받아야 달다
   - 나무 중심부에서 멀리 있는 귤이 닮

4.
   -

맛있는 귤의 비밀

기사 속 표현 | 한 문장

◎ 다음 표현을 사용하여 문장을 만들어 보세요.

~(으)므로

-으므로: 까닭이나 근거를 나타내는 연결 어미

예) 그 학생은 수업 시간에 집중하지 않으므로 성적이 좋을 리가 없다.

생각 쓰기 | 글 한 편

◎ 여러분은 요즘 어떤 스트레스를 받아요? 스트레스를 계속 받는다면, 여러분에게 어떤 변화가 생길까요? 예시를 보고 여러분의 생각을 끌어내 보세요.

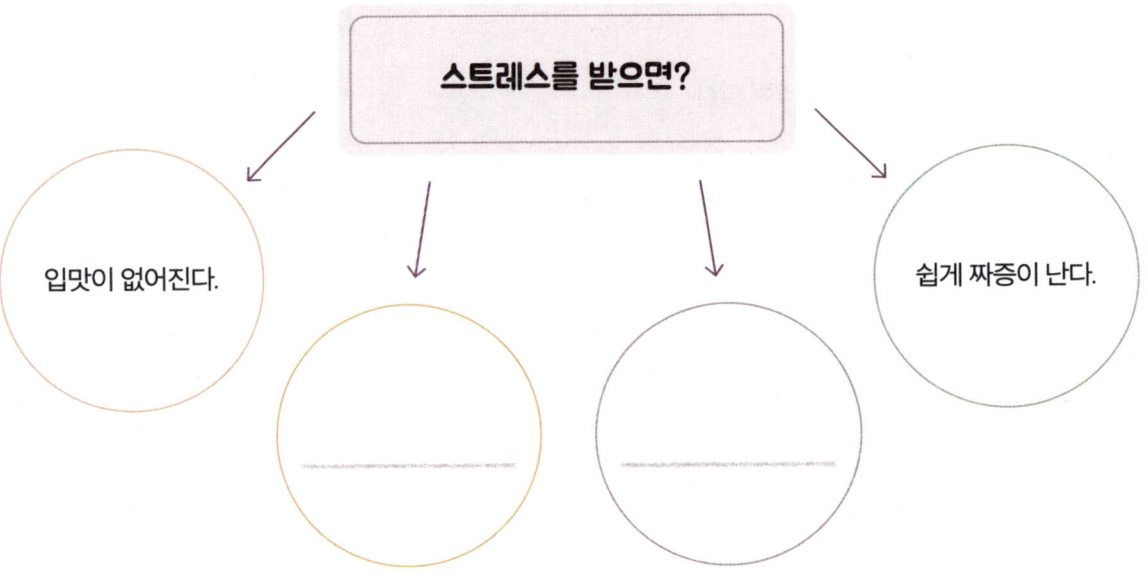

◎ 여러분의 생각을 메모해 보세요.

◎ 메모한 내용을 바탕으로 다음 제목의 글을 완성해 보세요.

나는 요즘 _____ 로 스트레스를 받는다.

한두 번은 괜찮지만 이런 스트레스를 계속 받는다면 나는 _____

> 예시

> 마무리

> 마무리로 스트레스 관리에 대한 다짐을 써 보면 어떨까요?

이런 표현 써 보기

둘 이상을 나타내고 싶을 때

| - 또 | - 그리고 | - 더구나 |
| - 또한 | - 게다가 | - 그뿐만 아니라 |

PART 2 정보의 소개

15

제목:

쓰기 전 | 신문 읽기

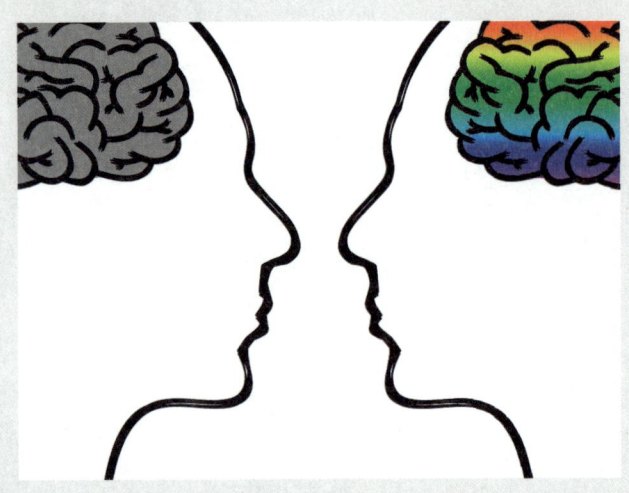

선천적으로 시각, 청각 장애를 가진 사람들도 일반적인 감각을 가진 사람과 같은 뇌 활동이 일어난다는 연구 결과가 나왔다.

연구팀은 시각 장애인과 청각 장애인, 일반적인 감각 발달을 지닌 사람들을 대상으로 디즈니 애니메이션 『101마리 달마시안』을 보여 주면서 뇌에서 어떤 반응이 일어나는지 관찰했다. 시각 장애인에게는 애니메이션 상황이 소리로 자세히 묘사된 오디오를 들려 줬고 청각 장애인에게는 자막으로 소리를 상세히 설명한 비디오를 보여 주었다.

그 결과, 청각 장애인은 달마시안이 짖는 소리를 듣지 못했지만 청각 정보와 관련한 뇌 부위가 움직였고 시각 장애인은 실제로 본 듯한 시각 반응이 뇌에서 일어났다. 사람의 뇌는 이처럼 보거나 듣지 못해도 실제로 직접 보거나 들은 것과 마찬가지의 시각, 청각 뇌 활동이 일어나 외부 세계를 느낀다.

신문 읽고 | 주제 확인

◎ 기사의 제목을 자유롭게 지어 보세요.

제목:

텍스트 구조화

◎ 기사의 주요 내용을 도형의 빈칸에 써서 텍스트를 구조화해 보세요.

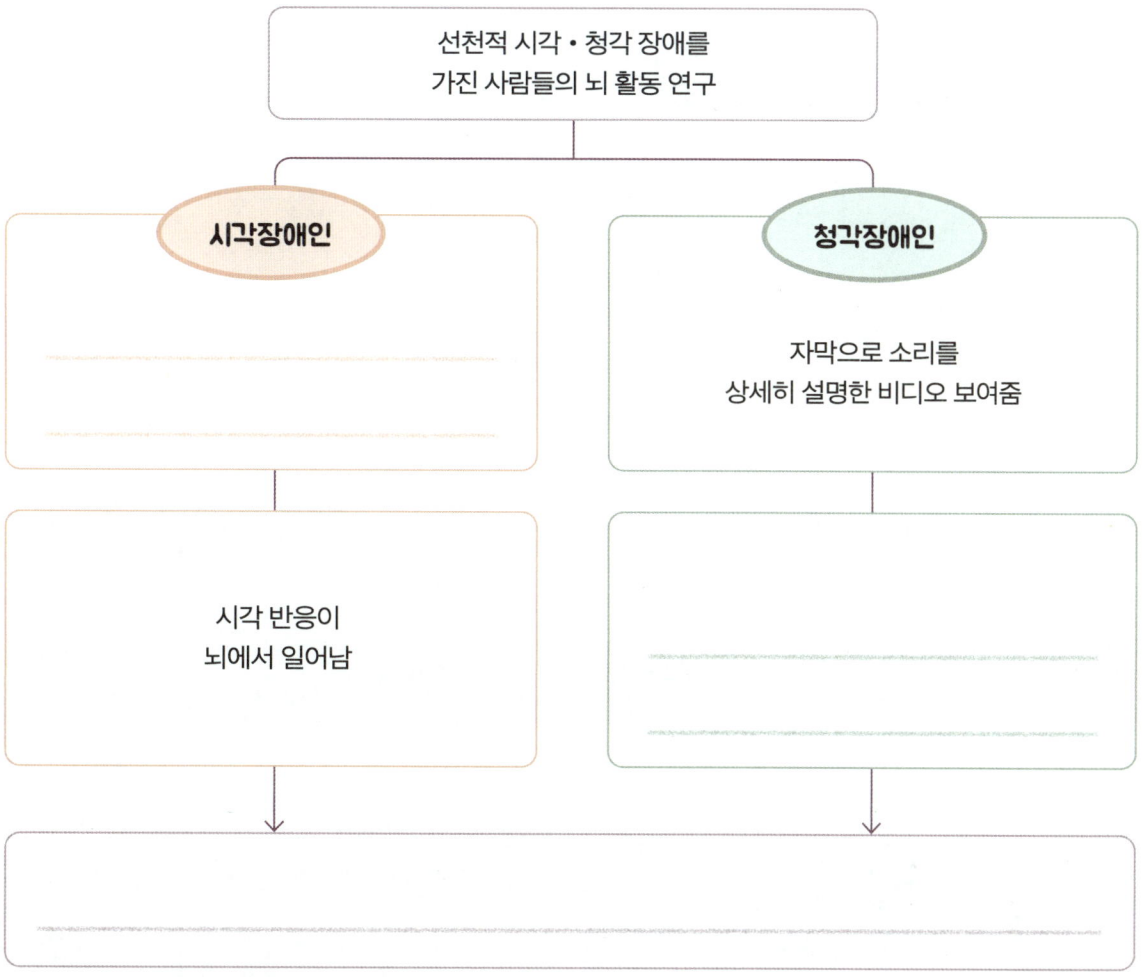

기사 속 표현 | 한 문장

◎ 다음 표현을 사용하여 문장을 만들어 보세요.

~듯한

듯하다:
앞말이 뜻하는 사건이나 상태 따위를 짐작하거나 추측함을 나타내는 말

예) 뜨거운 여름날, 아이스크림을 한입 베어 물었더니 금세 천국에 온 듯한 느낌이 들었다.

생각 쓰기 | 글 한 편

◎ 세상 사람들이 아무것도 보거나 들을 수 없다면 어떤 일이 벌어질까요? 예시를 보고 여러분의 생각을 끌어내 보세요.

  이렇게 써 볼 수 있어요!

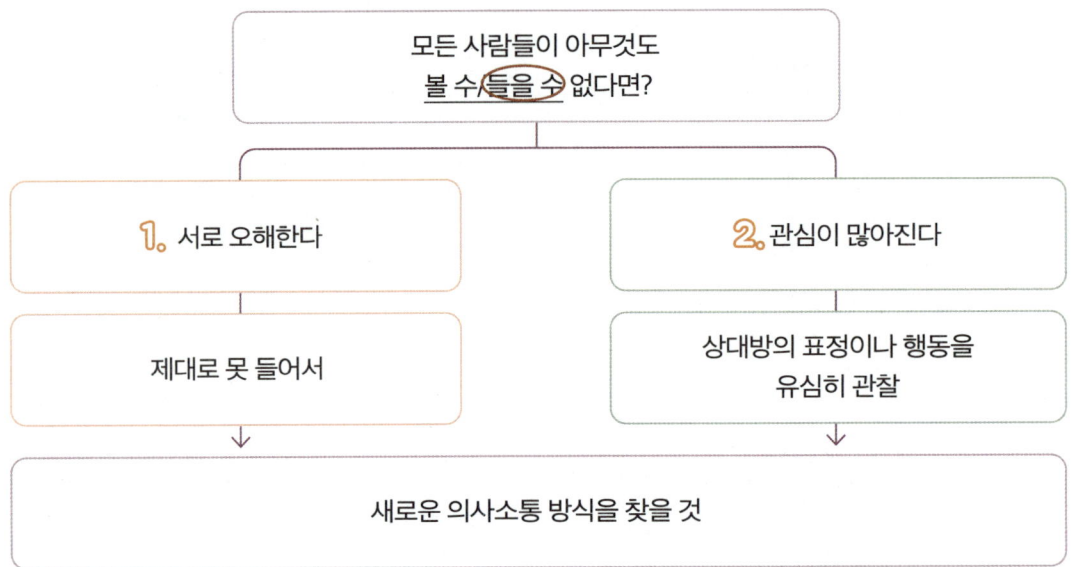

　세상 모든 사람들이 아무것도 들을 수 없는 상황이 벌어진다면, 처음에는 서로의 말을 제대로 듣지 못해 쉽게 오해하는 일이 자주 생길 것이다. 그로 인해 자주 다투고 서로의 사이가 멀어질 수도 있다. 하지만 꼭 부정적인 일만 생기는 것은 아니다. 오히려 상대방에게 더 많은 관심을 가질 수도 있다. 상대방의 생각을 알기 위해 표정이나 행동을 유심히 살펴볼 것이기 때문이다.
　세상 사람들이 서로의 말을 듣지 못한다면 처음에는 서로 많은 어려움을 겪을 것이다. 그러나 사람들은 불편함을 참으며 살아가기 보다는 새로운 의사소통 방식을 찾고 이를 통해 오해를 점차 줄여 나가려는 노력을 해나갈 것이다.

◎ 둘 중 하나를 선택해 여러분의 생각을 메모해 보고, 메모한 내용을 바탕으로 글을 완성해 보세요.

이제는 내가 써 볼 차례!

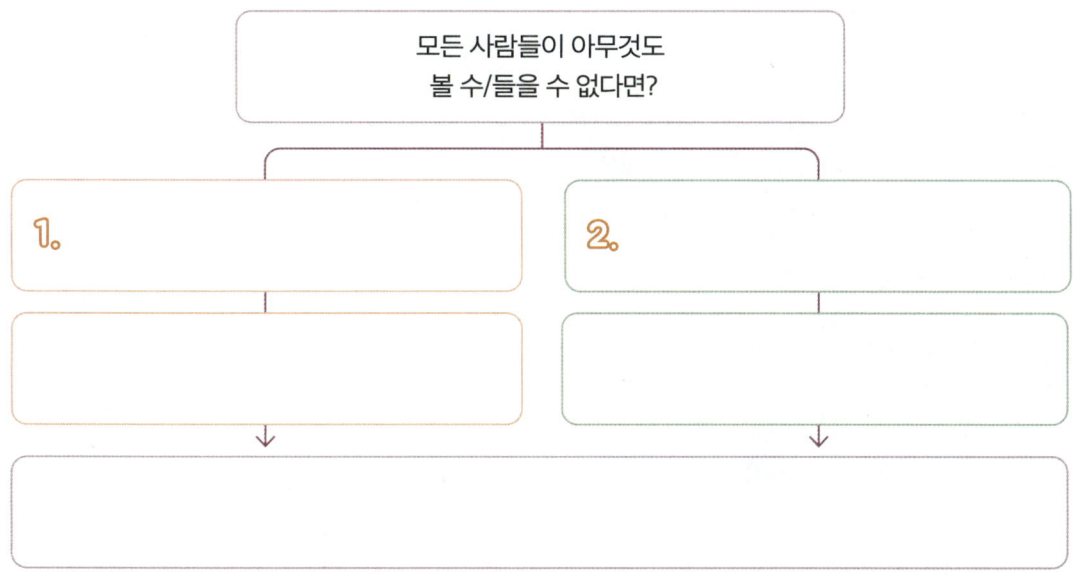

세상 모든 사람들이 아무것도 볼 수/들을 수 없는 상황이 벌어진다면, _____

_____
_____
_____
_____
_____
_____
_____

16 ☆★★ 패스트패션은 환경오염의 주범

쓰기 전 | 신문 읽기

저렴한 가격으로 최신 유행 옷을 빨리 사입을 수 있는 *패스트패션이 요즘 환경오염의 주범이 되어 따가운 눈총을 받고 있다.

옷이 만들어지는 과정에서 환경은 상당 부분 오염된다. 먼저 옷감을 만드는 데 필요한 식물을 키우기 위해서 많은 양의 살충제를 쓰면서 토양과 물을 오염시킨다. 또 티셔츠 한 장을 만드는 데 2,700L라는 상당한 양의 물을 사용해야 한다. 옷감을 염색할 때도 물론 물을 오염시킨다.

패스트패션 옷들은 유행에 따라 보통 한 계절만 입고 버려진다고 한다. 이들 중 중고로 되팔리는 경우는 단 12%밖에 되지 않는다. 한 철만 입고 버려진 옷들은 대부분 소각되는데, 이때 나오는 탄소도 환경을 크게 오염시킨다. 페트병을 재활용해서 옷을 만들기도 하지만, 페트병으로 만든 옷은 다시는 재활용할 수 없기 때문에, 이 역시 한두 번 입고 버려진다면 환경 보호에는 ☐.

*패스트패션: 최신 트렌드를 즉각 반영하여 빠르게 제작하고 빠르게 유통시키는 의류를 가리키는 말

신문 읽고 | 주제 확인

◎ 기사의 빈칸을 채워 문장을 완성해 보세요.

페트병을 재활용해서 옷을 만들기도 하지만 페트병으로 만든 옷은 다시는 재활용할 수 없기 때문에 이 역시 한두 번 입고 버려진다면 환경 보호에는 ☐.

텍스트 | 구조화

◎ 기사의 주요 내용을 도형의 빈칸에 써서 텍스트를 구조화해 보세요.

기사 속 표현 | 한 문장

◎ 다음 표현을 사용하여 문장을 만들어 보세요.

단

단:
오직 그것뿐임을
나타내는 말

예) 그 책은 인기가 많아서 서점에 단 한 권밖에 남지 않았다.

생각 쓰기 | 글 한 편

◎ 여러분 생각에 가장 심각한 환경오염은 무엇인 것 같아요? 그 환경오염의 주범은 무엇일까요? 다음을 읽어 보고 <u>둘 중 하나를 선택</u>해 체크(∨) 하고 여러분의 생각을 메모해 보세요.

☐ **대기 오염**	☐ **수질 오염**
인공적으로 배출되어 인간 생활에 나쁜 영향을 주는 매연, 먼지, 일산화탄소 따위와 같은 물질이 공기와 섞이는 현상	인위적인 요인에 의하여 자연 수자원, 즉 바다, 강, 호수, 지하수 등이 오염되어 이용 가치가 떨어지거나 생활에 피해를 주는 현상

자동차 매연 ☐	생활하수 ☐
공장 굴뚝 연기 ☐	공장 폐수 ☐
미세 먼지 ☐	일본 오염수 ☐
_____ ☐	_____ ☐

> 뭐가 더 심각한 환경오염이라고 생각해요? 왜 그렇게 생각해요?

◎ 메모한 내용을 바탕으로 다음 제목의 글을 완성해 보세요.

환경오염, 그 주범을 찾아라!

요즘 가장 심각한 환경오염은 _____ 이다. _____ 은

정의 ▶ _____

_____ 을 말한다.

그 원인은 다음과 같다. 첫째, _____

원인 ▶ _____

_____

_____

둘째, _____

_____

_____

_____

마무리 ▶ _____

_____

_____

_____

> 마무리 단계에서 앞서 쓴 내용을 정리, 강조해 보세요.

막 내린 지구 온난화, 이제는 지구 열대화 시대

쓰기 전 | 신문 읽기

사진설명: 세계기상기구 국기

안토니우 구테흐스 유엔 사무총장은 지난 8월 27일, 지구 온난화 시대는 끝났으며, 이제 지구 열대화 시대가 도래했다고 말했다.

세계기상기구(WMO)는 2023년 7월 지구 지표면 기온이 16.95도로 역사상 지구가 가장 뜨거웠던 때였다고 밝혔다. 이번 폭염은 기후 변화로 인한 이상 기후 때문인데, 미국 일부 도시에서는 기온이 50도를 넘나들고, 서유럽과 아시아에서도 40도가 넘는 폭염이 이어졌다. 전 세계 인구 81%에 해당하는 65억 명의 사람들이 지난달 기후 변화로 인한 폭염을 경험했다.

세계기상기구(WMO)는 지구 온도가 향후 5년 이내에 산업화 이전보다 1.5도 이상 높아질 확률이 66%에 달할 것이라고 밝혔다. 기후 변화는 전 세계의 건강, 식량, 안보, 물, 환경 등에 광범위한 영향을 미친다. 뜨거워지는 지구를 이대로 보고만 있을 수 없는 시간이 온 것이다.

신문 읽고 | 주제 확인

◎ 기사의 핵심 단어를 모두 골라 보세요.

- 지구 열대화
- 폭염
- 전 세계
- 확률
- 광범위한 영향
- 미국
- 산업화
- 기후 변화

텍스트 | 구조화

◎ 기사의 주요 내용을 도형의 빈칸에 써서 텍스트를 구조화해 보세요.

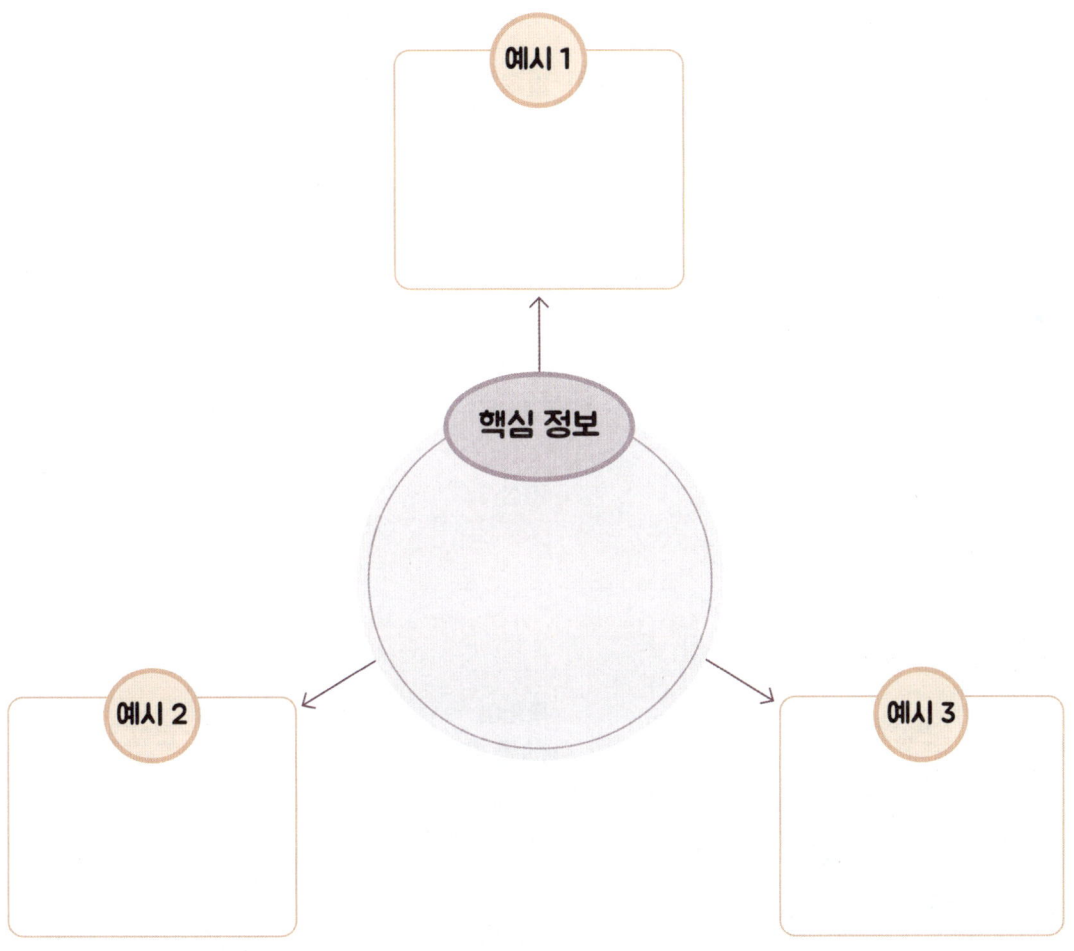

기사 속 표현 | 한 문장

◎ 다음 표현을 사용하여 문장을 만들어 보세요.

도래하다

도래하다:
어떤 시기나
기회가 닥쳐오다

예) AI가 사람의 역할을 상당 부분 대신하는 시대가 도래했다.

생각 쓰기 | 글 한 편

◎ 지구 열대화 현상으로 폭염이 계속되면 어떤 일이 벌어질까요? 지구를 더 이상 뜨겁게 하지 않을 방법은 없을까요? 예시를 보면서 여러분의 생각을 끌어내 보세요.

◎ 여러분의 생각을 메모해 보세요.

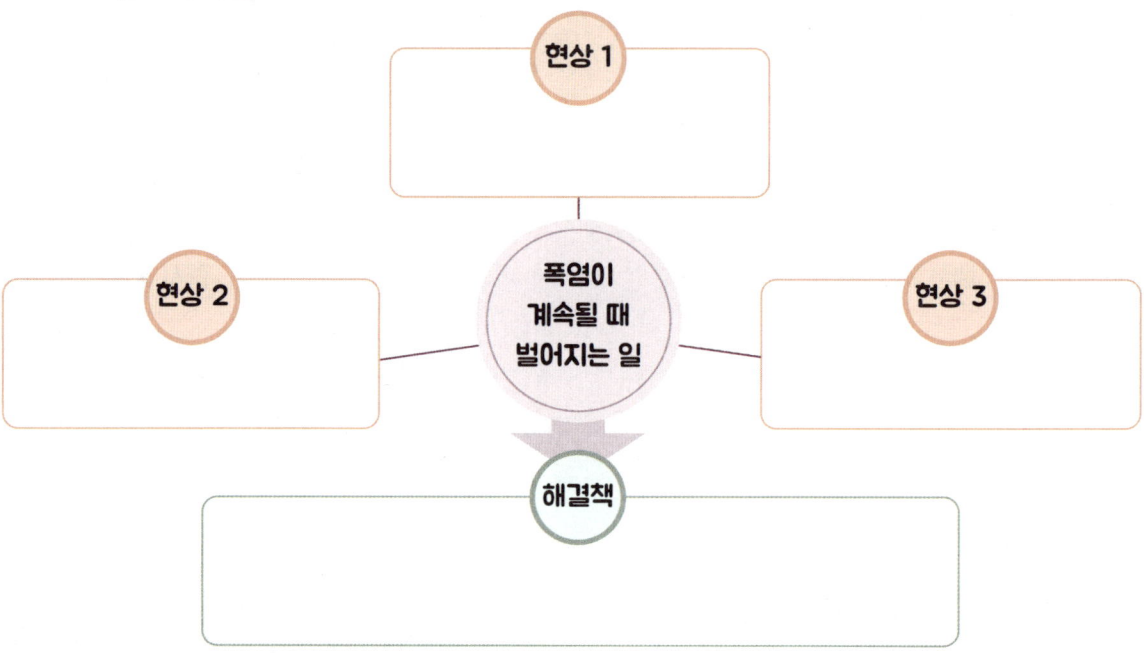

더 멋진 글로 완성하고 싶다면?

글의 첫 문장을

지구가 점점 뜨거워지고 있다. → 지구가 이글이글 불타고 있다.
열병으로 지구가 앓아누웠다.

재미있는 표현으로 시작해 보세요.

◎ 메모한 내용을 바탕으로 다음 제목의 글을 완성해 보세요.

흥미로운 시작

(지구가 점점 뜨거워지고 있다)

이로 인해 전 세계 인구 80%가 넘는 사람들이 극심한 폭염에 시달리고 있다. 이제 지구 온난화 시대는 가고 지구 열대화 시대가 도래한 것이다. 전문가들은 앞으로 폭염은 더 길고 심해질 것이라고 예상한다.

이처럼 폭염이 계속되면, 먼저 _____

폭염이 계속되면 벌어지는 일

해결책

18 ☆★★ 라니냐 가고 엘니뇨 찾아와

쓰기 전 | 신문 읽기

세계기상기구(WMO)는 지난 3년간 지속된 라니냐 현상이 끝나고 올 하반기쯤 엘니뇨 현상이 시작될 것이라고 밝혔다. 라니냐 현상은 태평양 동쪽 바다 해수면 온도가 평년보다 0.5도 낮은 상황이 5개월 이상 계속되는 현상을 말한다. 이와 반대로 엘니뇨 현상은 해수면 온도가 평상시보다 높은 상태로 수개월 이상 지속되는 현상을 말한다.

세계기상기구는 지난 3년 동안 해수면 온도가 낮아지는 라니냐가 지속되었음에도 불구하고 기록상 가장 따뜻한 8년을 보냈다고 했다. 엘니뇨가 발생하면 지구 온난화의 속도는 더욱 _____, 지구 최고 기온을 경신할 것이라고 전망했다.

세계기상기구 사무총장은 엘니뇨가 오면 심각한 기상 현상이 발생할 것이라 경고했다. 지구 곳곳에 극심한 더위와 홍수, 가뭄 등이 발생할 것이라면서 유엔은 미리 위험을 알리고 대응해야 한다고 주장했다.

신문 읽고 | 주제 확인

◎ 기사의 빈칸을 채워 문장을 완성해 보세요.

엘니뇨가 발생하면 지구 온난화의 속도가 더욱 _____, 지구 최고 기온을 경신할 것이라고 전망했다.

텍스트 | 구조화

◎ 기사의 주요 내용을 도형의 빈칸에 써서 텍스트를 구조화해 보세요.

기사 속 표현 | 한 문장

◎ 다음 표현을 사용하여 문장을 만들어 보세요.

~에도 불구하고

~에도 불구하고:
비록 사실은 그러하지만
그것과는 상관없이

예) 무더위에도 불구하고 아기 판다를 보기 위해 많은 사람들이 동물원을 찾았다.

생각 쓰기 | 글 한 편

◎ 엘니뇨 현상이 뭐예요? 엘니뇨가 발생하면 어떤 일이 벌어져요? 그리고 그 일들은 우리 삶에 어떤 영향을 미칠까요? 여러분의 생각을 메모해 보세요.

> 정의란 어떤 말의 뜻, 의미를 말해요.

1. 엘니뇨 현상의 정의

엘니뇨란 해수면 온도가 평상시보다 _____ 상태로 수개월 이상 지속되는 현상

2. 엘니뇨로 일어날 수 있는 일

지구 온난화 속도는? _____

지구 기온은? _____

그 외 벌어지는 일은? _____

3. 우리 삶에 미치는 영향

극심한 가뭄이나 홍수가 자주 발생한다면 우리에게는 어떤 일이 생길까?

_____

◎ 메모한 내용을 바탕으로 다음 제목의 글을 완성해 보세요.

엘니뇨가 우리들의 삶에 미치는 영향에 관하여

정의 _____
_____
_____
_____

엘니뇨로 벌어지는 일

영향

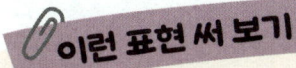

정의를 나타내고 싶을 때

- ~(이)란 ~을/를 말한다.
- ~(이)란 ~을/를 뜻한다.

19 미역은 든든한 지구 수호대

쓰기 전 | 신문 읽기

지구를 지키는 바다 생물들의 역할이 연구자들에 의해 밝혀졌다. 독일의 한 해양 연구팀은 미역과 다시마와 같은 갈조류가 이산화탄소를 흡수해서 점액으로 내보낸다는 사실을 밝혀냈다. 이 점액은 수백 년이 지나도 분해되지 않기 때문에 이산화탄소를 잡아 두는 역할을 톡톡히 한다.

갈조류는 독일이 한 해 배출하는 온실가스의 약 74퍼센트에 해당하는 양의 이산화탄소를 빨아들인다. 특히 다시마는 빠르게 자라고, 물 위를 떠다니다가 깊은 바다로 가라앉기 때문에 이산화탄소를 오래 가둬 둘 수 있어 환경지킴이로 주목받고 있다.

갯벌과 플랑크톤도 _____.

갯벌은 1년간 26만 톤의 이산화탄소를 흡수하며, 플랑크톤은 식물처럼 이산화탄소를 흡수해 산소를 만들어 낸다. 최근 플랑크톤의 수는 5% 정도 증가했는데, 이는 플랑크톤이 흡수하는 이산화탄소량이 그만큼 많아졌다는 것을 의미한다.

신문 읽고 | 주제 확인

◎ 기사의 빈칸을 채워 문장을 완성해 보세요.

갯벌과 플랑크톤도 _____.

텍스트 구조화

◎ 글의 구조를 한눈에 알아보기 쉽게 <u>도형으로 그려 보고</u>, 기사의 주요 내용을 도형에 써서 텍스트를 구조화해 보세요.

> 앞에서 연습한 텍스트 구조화 도형들을 참고해 직접 그려보세요.

기사 속 표현 | 한 문장

◎ 다음 표현을 사용하여 문장을 만들어 보세요.

의미하다

> 의미하다: 행위나 현상이 무엇을 뜻하다

예) 해수면이 상승하고 있다는 것은 빙하가 빠르게 녹고 있다는 것을 의미한다.

PART 2 정보의 소개

생각 쓰기 | 글 한 편

◎ 위 기사의 내용으로 영상을 만들려고 해요. 영상에 꼭 담겨야 할 핵심 단어들을 메모해 보세요.

◎ 영상의 제목과 섬네일을 만들어 보세요.

썸네일

제목과 섬네일에는 영상의 핵심 단어를 넣어보세요.

영상 제목

◎ 영상의 각 화면에 자막으로 들어갈 내용의 글을 완성해 보세요.

시작 — 바다 생물들: 갈수록 늘어나는 이산화탄소 때문에 지구 환경에 많은 문제가 나타나고 있어요. 그런데 바다 생물들이 우리 지구를 지킨다고 하네요? 든든한 바다 수호대, 그 주인공은 누구일까요?

갈조류:

갯벌:

플랑크톤:

마무리 — 깨끗한 바다:

20 ★★★

우리가 살고 있는 시대, 그 이름은 바로 인류세

쓰기 전 | 신문 읽기

지구의 46억 년 역사를 가장 큰 시간 범위부터 작은 순으로 누대(eon)-대(era)-기(period)-세(epoch)-절(age)과 같이 나눌 수 있다. 현재는 현생누대-신생대-4기-홀로세-메갈라야절에 있다.

과학자들은 마지막 빙하기 이후 현재까지 1만 1,700년간 이어졌던 홀로세가 끝나고, 이제 '인류세'라는 새로운 지질 시대가 열렸다고 한다. 인류세란 인류가 각종 개발로 자연환경을 파괴해 기후와 지구 환경에 거대한 영향을 미쳤다고 생각되는 시대를 뜻한다.

인류세를 대표하는 물질은 플라스틱으로, 사람들이 살지 않는 곳에서도, 깊은 바닷속 생물 몸속에서도 발견되고 있다. 인류가 과도하게 사용하는 플라스틱과 화석 연료는 기후 변화를 일으켰으며, 이로 인해 각종 자연재해가 발생하고 있다. 인류가 지구의 지질 환경에 영향을 미쳐 변화를 일으키고 있는 시대, 인류세. 그 변화의 끝은 어디일까?

신문 읽고 | 주제 확인

◎ 기사의 핵심 단어를 모두 골라 보세요.

빙하기　　인류세　　플라스틱　　기후 변화

파괴　　누대

홀로세　　생물　　자연환경　　지질 환경

텍스트 구조화

◎ 글의 구조를 한눈에 알아보기 쉽게 <u>도형으로 그려 보고</u>, 기사의 주요 내용을 도형에 써서 텍스트를 구조화해 보세요.

기사 속 표현 | 한 문장

◎ 다음 표현을 사용하여 문장을 만들어 보세요.

> 이제

이제:
바로 이때에. 지나간 때와 단절된 느낌을 준다

예) **이제** 며칠만 지나면 겨울방학이다.

생각 쓰기 | 글 한 편

◎ 인류세가 무엇인가요? 인류세의 걱정되는 점은 무엇일까요? 그리고 그것을 극복할 수 있는 방법으로 어떤 것이 있을까요? 여러분의 생각을 메모해 보세요.

1. 인류세란

_____

2. 인류세의 문제점

_____

3. 인류세의 문제점을 극복하기 위해

_____

◎ 메모한 내용을 바탕으로 다음 제목의 글을 완성해 보세요.

📎 **인류세, 우리가 살아가는 그 시대의 이야기**

_____
_____
_____
_____
_____

내가 쓴 글 검토해 보기

여러분의 글을 스스로 검토하면서 표정에 체크해 보세요.	😊	😐	😣
1. 글을 흥미롭게 시작했다			
2. 글을 뒷받침하는 예시나 근거를 충분히 썼다			
3. 글을 마무리하는 문장을 썼다			
4. 다양한 표현을 쓰려고 노력했다			
5. 앞뒤 문장의 내용이 자연스럽게 연결됐다			

PART 3

원인과 결과

- **21** 더워지는 날씨, 쏟아지는 홈런볼!
- **22** 가뭄에 기저귀 가격이 오른다?
- **23** 집들이 먼지처럼 폭삭 내려앉은 그곳에는
- **24** 제목:
- **25** BTS가 여의도에 왔다! 주르륵 쏟아지는 경제 효과
- **26** 새로 산 물건인데 자꾸 고장이 난다면
- **27** 틱톡! 지금 당장 삭제해야
- **28** 잠자던 바이러스가 깨어났다
- **29** 제목:
- **30** 누가 누가 먼저 달에 가나!

21 더워지는 날씨, 쏟아지는 홈런볼!

쓰기 전 | 신문 읽기

날씨가 더울수록 야구 경기에서 홈런볼이 나올 확률이 높다는 연구 결과가 나왔다. 미국 다트머스대 연구팀은 높은 기온과 홈런의 연관성을 알아보기 위해 2010년 이후 메이저리그에서 열린 10만 건의 야구 경기와 홈런볼 22만 개를 분석했다.

분석 결과, 야구장 기온이 1도 오르면 홈런 수가 1.96% 늘었고 기온이 더 높게 오르는 오후에는 홈런 수가 2.4%까지 높아졌다. 반면 기온이 떨어지는 밤 경기는 1.7%로 떨어졌다.

기온이 높을수록 _____는 이유는 야구공의 비거리*가 기온의 영향을 받기 때문이다. 기온이 상승하면 기체의 운동이 활발해지면서 공기의 밀도가 떨어지는데, 이때 야구공이 저항을 적게 받아 더 멀리 날아가게 되는 것이다. 연구팀은 현재까지는 홈런 중 1% 정도가 기온 상승의 영향을 받았지만 2100년에는 홈런 중 10%가 영향을 받을 것이라고 내다봤다.

＊비거리: 야구나 골프에서 친 볼이 날아간 거리

신문 읽고 | 주제 확인

◎ 기사의 빈칸을 채워 문장을 완성해 보세요.

기온이 높을수록 _____는 이유는 야구공의 비거리가 기온의 영향을 받기 때문이다.

텍스트 | 구조화

◎ 기사의 주요 내용을 도형의 빈칸에 써서 텍스트를 구조화해 보세요.

원인

기후 변화로
기온 상승

↓

기온이 상승하면

_____

_____

↓

결과

홈런볼 확률이 높아짐

기사 속 표현 | 한 문장

◎ 다음 표현을 사용하여 문장을 만들어 보세요.

연관성

> 연관성:
> 둘 이상의 사물이나
> 현상 등이 서로 관계를
> 맺는 특성이나 성질

예) 문장과 문장 사이에 연관성이 없어 글쓰기에서 나쁜 점수를 받았다.

생각 쓰기 | 글 한 편

◎ 기온 상승이 다른 스포츠 경기에 미치는 영향은 없을까요? 어떤 영향이 있을지 자유롭게 생각해 보고 메모해 보세요.

원인

기후 변화로
기온 상승

↓

기온이 상승하면

_____

_____

> 날씨가 더워진다?
> 겨울이 짧아진다?
> 눈이 녹는다?

⬇

스포츠에 미치는 영향

◎ 메모한 내용을 바탕으로 다음 제목의 글을 완성해 보세요.

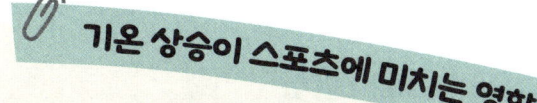

기후 변화로 인한 기온 상승은 우리의 삶에 여러 가지 영향을 미친다. 기온 상승은 스포츠에도 영향을 끼치는데, 기온이 올라가면 홈런볼의 확률이 높아진다는 연구 결과가 그 대표적인 예이다. 기온 상승은 스포츠에 또 어떤 변화나 영향을 줄 수 있을까?

기온이 상승하면

먼저 기온이 상승하면, _____

_____

_____

_____

_____

스포츠에 미치는 영향

이러한 변화는 스포츠에 다음과 같은 영향을 미칠 것이다. _____

_____

_____

_____

_____

_____

22 ☆☆★ 가뭄에 기저귀 가격이 오른다?

쓰기 전 | 신문 읽기

미국 텍사스는 미국에서 가장 큰 면화 생산지이다. 그런데 작년 텍사스에 닥친 가뭄으로 면화 생산량이 크게 줄어들었다. 가뭄으로 땅이 마르면서 약 2만 4280㎢(서울 면적의 약 40배) 정도 경작지에서의 면화 수확을 포기해야만 했다. **이로써** 기저귀, 거즈, 면봉 등의 가격이 3배 가까이 올랐다.

경제학자들은 텍사스 면화 생산이 크게 줄어들어 면화 가격이 올랐고 이것은 기저귀, 거즈와 같은 생필품뿐만 아니라 의류 가격에도 영향을 미칠 것으로 전망했다. 이러한 물가 상승은 미국을 포함한 전 세계의 인플레이션*으로 이어질 것이다.

닐슨 IQ 부사장은 기후 변화는 우리가 알아채지 못한 사이에 물가 상승을 일으키는 주요한 요인이 되고 있다고 했다. 또한 가뭄, 홍수, 산불과 같은 기후 변화가 농작물 생산에 영향을 미치면서 앞으로 생필품의 가격은 계속 오를 것으로 내다봤다.

*인플레이션: 통화량이 팽창하여 화폐 가치가 떨어지고 물가가 계속적으로 올라 일반 대중의 실질적 소득이 감소하는 현상

신문 읽고 | 주제 확인

◎ 다음 문장에 들어갈 단어들을 써 보세요.

| | 로 인한 가뭄으로 면화 생산량이 줄었다. 이는 생필품을 포함한 전반적인

| | 에 영향을 미칠 것으로 전망되며, 전 세계의 인플레이션으로 이어질 것이다.

텍스트 | 구조화

◎ 기사의 주요 내용을 도형의 빈칸에 써서 텍스트를 구조화해 보세요.

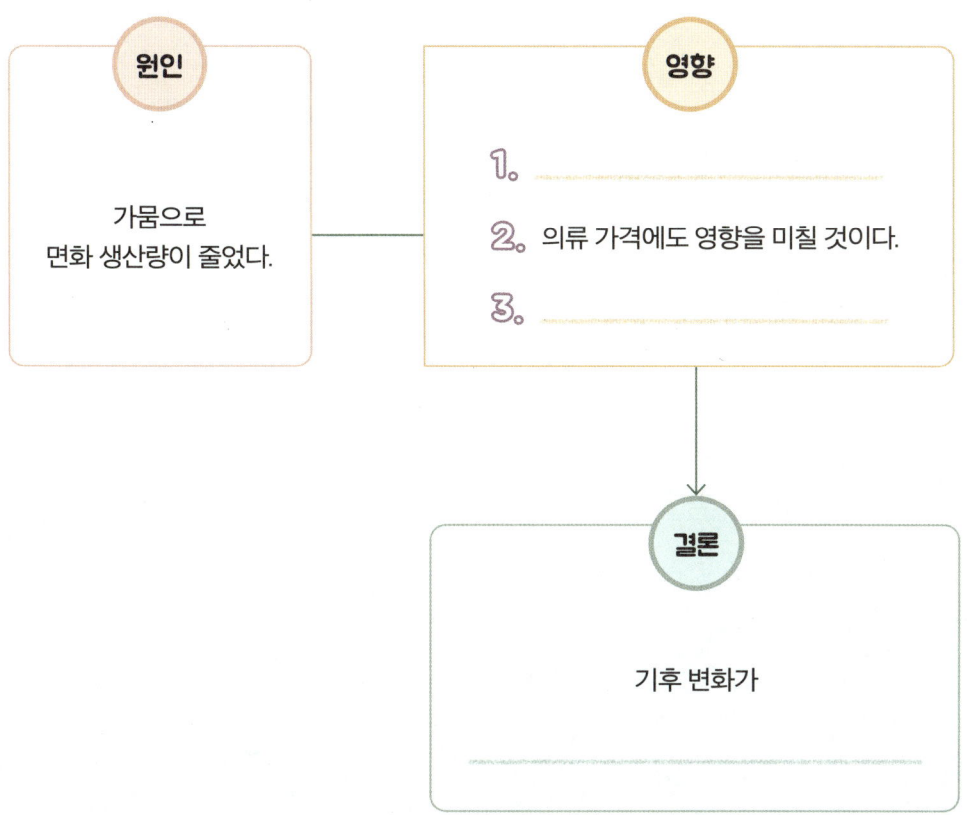

기사 속 표현 | 한 문장

◎ 다음 표현을 사용하여 문장을 만들어 보세요.

이로써

이로써:
'이렇게 함으로써'가
줄어든 말

예) 단짝이던 민서와 준영이는 지난주에 크게 싸웠다. 이로써 그 둘은 서로 인사도 안 하는 사이가 되어 버렸다.

생각 쓰기 | 글 한편

◎ 1개에 1,000원을 하던 휴지가 2,000원으로 가격이 올랐어요. 15,000원이면 살 수 있었던 티셔츠가 30,000원이 되었어요. 그럼 우리 집에 어떤 변화가 생길까요? 여러분의 생각을 메모해 보세요.

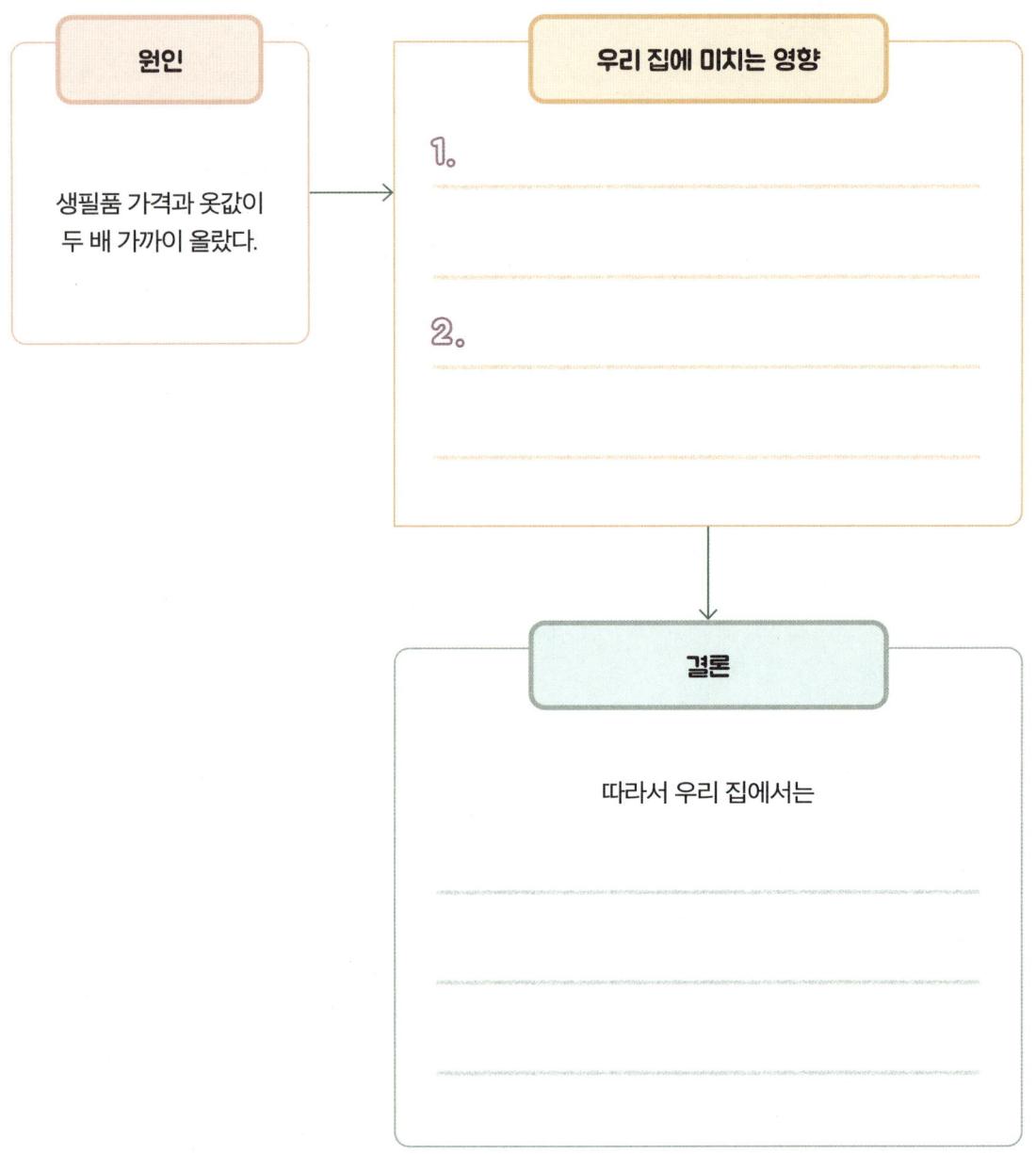

◎ 메모한 내용을 바탕으로 다음 제목의 글을 완성해 보세요.

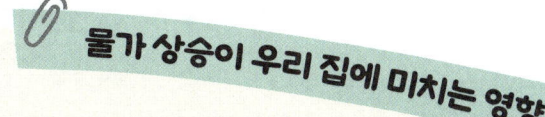
물가 상승이 우리 집에 미치는 영향

얼마 전 마트에서 장을 보고 돌아오신 부모님이 깜짝 놀라 말씀하셨다. 휴지와 비누 같은 생필품 가격이 2배 가까이 올랐다는 것이다. 또 전에는 15,000원쯤이면 살 수 있던 티셔츠값 역시 크게 올랐다고 한다.

우리 생활에서 꼭 필요한 물건들의 값이 크게 오른 것은 우리 집에 다음과 같은 영향을 미칠 것이다. 먼저, _____

> 영향

_____

> 결론

우리 집에서는 앞으로 _____

> 앞으로의 다짐으로 마무리해 보세요.

집들이 먼지처럼 폭삭 내려앉은 그 곳에는

쓰기 전 | 신문 읽기

2023년 2월 6일, 규모 7.8의 대지진이 튀르키예와 시리아를 덮쳤다. 이 지진으로 수많은 사람들이 다치고 목숨을 잃는 등 큰 피해를 입었다.

지구 표면은 '판'이라고 불리는 암석 조각으로 이루어져 있다. 이번 지진은 아라비아판이 아나톨리아판을 강하게 밀어내면서 그동안 쌓인 에너지가 한꺼번에 터져 큰 규모의 지진으로 이어졌다. 진원*이 얕으면 땅 위의 물체가 더 심하게 흔들리는데, 이번에는 진원이 [   ]기 때문에 피해가 더 컸다. 또한 이 지역이 무른 흙으로 이루어졌다는 점도 피해를 키운 요인이었다. 이뿐만 아니라 지진이 발생한 곳 건물들은 튼튼하게 지어지지 않았고, 새벽 4시에 지진이 일어났기 때문에 사람들이 대피하기 어려웠다.

전문가들은 앞으로도 이 지역에 지진이 연이어 일어날 수 있을 것으로 전망했다. 이곳의 피해가 더 커지지 않도록 전 세계가 튀르키예를 주목하며 빠른 복구를 위해 도움의 손길을 내밀고 있다.

*진원: 최초로 지진파가 발생한 지역

신문 읽고 | 주제 확인

◎ 기사의 빈칸을 채워 문장을 완성해 보세요.

진원이 얕으면 땅 위의 물체가 더 심하게 흔들리는데, 이번에는 진원이 [   ]기 때문에 피해가 더 컸다.

텍스트 | 구조화

◎ 기사의 주요 내용을 도형의 빈칸에 써서 텍스트를 구조화해 보세요.

원인 1
판 사이 에너지가 한꺼번에 터져서

원인 2

원인 5

결과
튀르키예 지진의 피해가 컸던 이유

원인 3

원인 4
건물이 튼튼하지 않아서

기사 속 표현 | 한 문장

◎ 다음 표현을 사용하여 문장을 만들어 보세요.

등

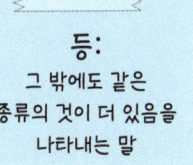

등:
그 밖에도 같은 종류의 것이 더 있음을 나타내는 말

예) 이 소설은 등장인물의 성격이나 행동 등이 세밀하게 묘사된 것이 특징이다.

생각 쓰기 | 글 한 편

◎ 지진 피해를 줄일 수 있는 방법에는 어떤 것이 있을까요? 여러분의 생각을 메모해 보세요.

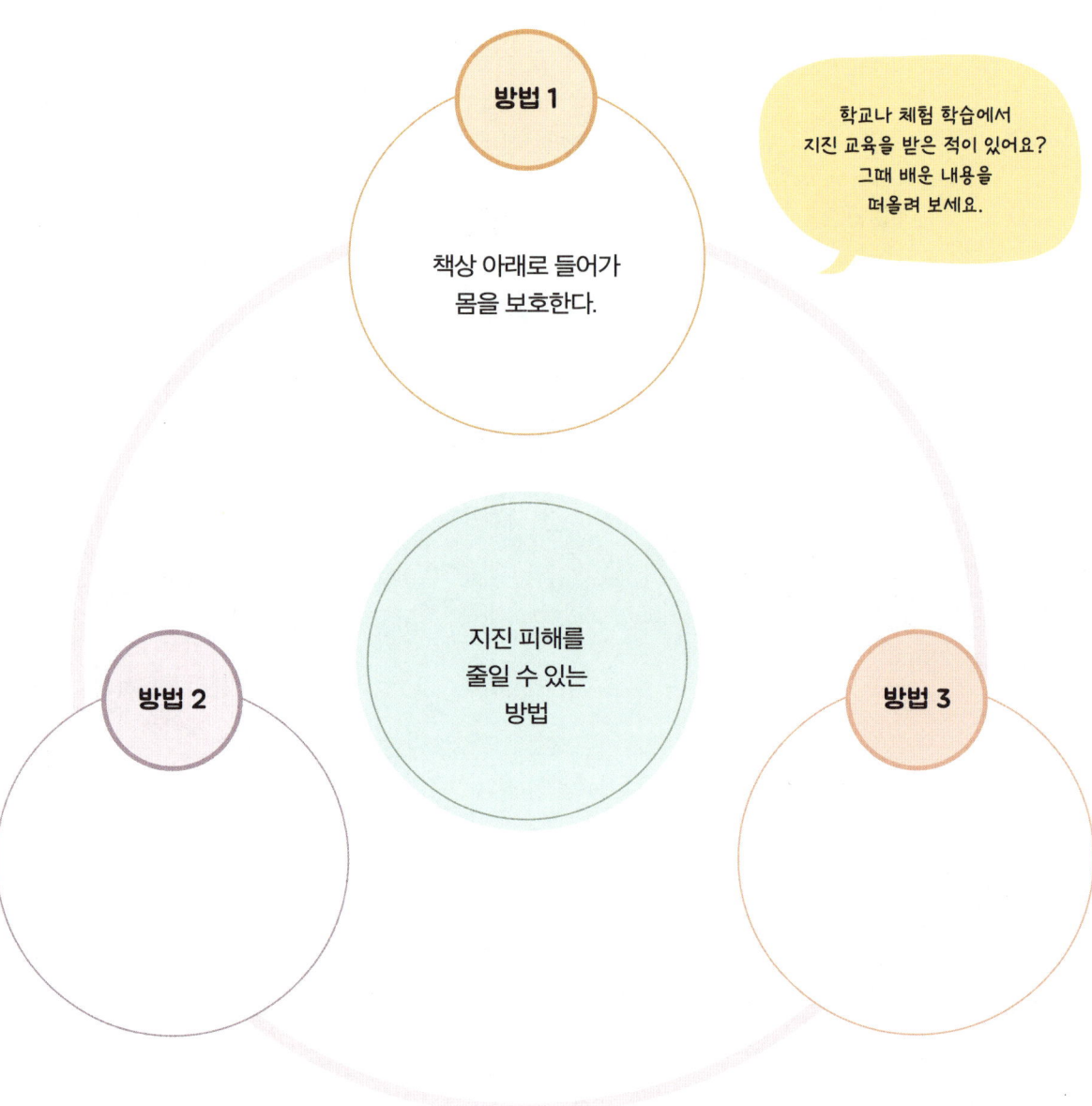

◎ 메모한 내용을 바탕으로 다음 제목의 글을 완성해 보세요.

지진에서 안전할 거라고 하던 한국에서도 지진이 발생했다는 뉴스를 종종 듣곤 한다. 지진이 일어났을 때 우리는 어떻게 해야 피해를 줄일 수 있을까?

첫째, 지진이 났을 때 책상 아래로 들어가 떨어지는 물건에 맞지 않도록 한다.

둘째, _____

셋째, _____

튀르키예처럼 강한 지진이 일어나면 우리나라도 큰 피해를 입을 것이다. 우리나라도 더 이상 지진에서 안전하지 않으므로 _____

24

제목:

쓰기 전 | 신문 읽기

우리는 매일 수많은 플라스틱을 쓰고 또 환경을 위해 분리수거도 열심히 한다. 하지만 환경 단체 그린피스에 **따르면** 미국에서 사용되는 플라스틱 중 5%만이 재활용되고 95%의 플라스틱은 땅에 매립되거나 그대로 버려진다고 한다.

버려진 플라스틱은 바람, 햇빛, 파도에 부서지면서 미세 플라스틱이 되는데, 이들은 바람을 타고 다니다가 에베레스트 꼭대기나 남극과 같은 곳에서도 발견된다. 파도에 의해 부서진 미세 플라스틱이 바다로 흘러 들어가 물고기의 몸에서 나오기도 한다.

한 연구에 의하면 한 사람이 일주일간 먹는 미세 플라스틱은 약 2,000개로 신용카드 한 장 무게인 5g 정도라고 한다. 생선을 먹을 때도, 숨을 쉴 때도 우리 몸속으로 미세 플라스틱이 들어오는 것이다. 우리 몸에 점차 쌓여 가는 미세 플라스틱, 우리는 어떻게 해야 할까?

신문 읽고 | 주제 확인

◎ 기사의 제목을 자유롭게 지어 보세요.

제목:

텍스트 | 구조화

◎ 기사의 주요 내용을 도형의 빈칸에 써서 텍스트를 구조화해 보세요.

원인

95%의 플라스틱이 _____

↓

플라스틱은 바람, 햇빛, 파도에 의해 미세 플라스틱이 됨

미세 플라스틱은 에베레스트 꼭대기, 남극, 물고기 몸에서 발견됨

↓

결과

_____
_____

기사 속 표현 | 한 문장

◎ 다음 표현을 사용하여 문장을 만들어 보세요.

~에 따르면

> **따르다:**
> 어떤 경우, 사실이나 기준 따위에 의거하다

예) 일기 예보에 따르면 올여름 내내 극심한 폭염이 이어질 것이라고 한다.

PART 3 원인과 결과

생각 쓰기 | 글 한 편

◎ 플라스틱 사용이 계속 늘어나면 어떤 결과가 생길까요? 아래 질문에 대한 답을 생각하며 여러분의 생각을 끌어내 보세요.

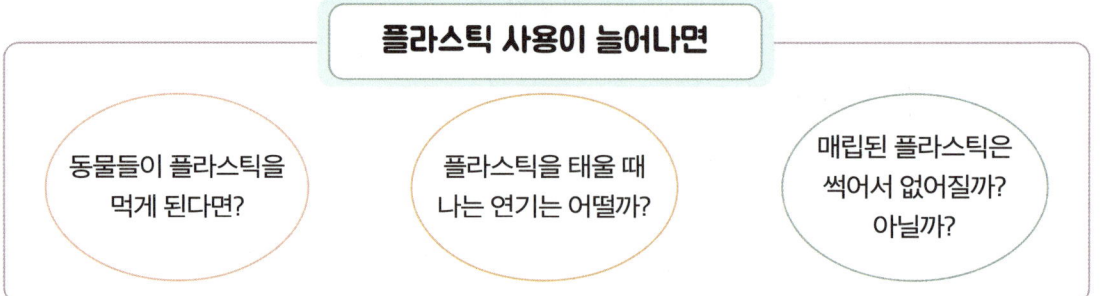

◎ 여러분의 생각을 메모해 보세요.

◎ 메모한 내용을 바탕으로 다음 제목의 글을 완성해 보세요.

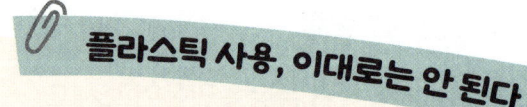

플라스틱 사용이 계속 늘어나고 있다. 지금처럼 플라스틱 사용을 줄이지 않고 점점 더 많이 사용하면 어떻게 될까? _____

예상 결과 _____

_____

_____

_____

_____

_____

_____

_____

_____

이러한 문제는 우리 환경과 삶에 나쁜 영향을 미친다. 따라서 우리는 _____

_____

마무리 _____

_____

> 마무리로 플라스틱 사용에 대한 다짐을 써 보면 어떨까요?

_____

_____

이런 표현 써 보기

어떤 일의 결과나 영향을 나타내고 싶을 때

- 그 결과	- 이로 인해
- 그래서	- ~와/과 같은 결과로 이어지다
- 따라서	- ~와/과 같은 영향을 미치다

25 ☆☆★

BTS가 여의도에 왔다! 주르륵 쏟아지는 경제 효과

쓰기 전 | 신문 읽기

사진출처: 2023 BTS FESTA 공식 홈페이지

　지난 6월 17일 서울 여의도 한강공원 일대에서 '2023 BTS 페스타(FESTA)'가 열려 국내외 팬들 30여만 명이 여의도를 찾았다. 유통업체들은 전 세계에서 온 팬들의 발길을 사로잡기 위해 BTS가 무대에서 실제로 착용한 무대 의상을 전시하기도 하고 티셔츠나 굿즈를 준비해 판매하기도 했다. 정부도 BTS 데뷔 10주년을 축하하며 기념우표를 판매했다.

　BTS로 인해 발생하는 경제 효과는 상당하다고 한다. 실제로 BTS가 국내에서 콘서트를 한 번 열 때마다 경제적 파급 효과가 1조 2,207억 원 정도 발생한다. 전문가들은 이런 현상을 'BTS 낙수 효과*'라고 보는데, 이번 BTS 페스타도 예외는 아니었다.

　BTS 페스타로 인해, 서울 지역의 호텔을 검색하는 건수가 크게 늘었다. BTS 페스타 기간 동안 서울 호텔의 투숙객 90%가 외국인이었으며, 여의도 백화점에서는 관광객 매출이 210%나 급증했다. BTS 페스타로 얻게 되는 직간접적인 경제 효과는 수조 원이 될 것으로 전망한다.

＊낙수 효과: 물이 위에서 아래로 떨어지듯이 대기업이 성장하면 대기업과 연관된 중소기업이 성장하고 새로운 일자리도 많이 창출되어 서민 경제도 좋아지는 효과를 말한다

신문 읽고 | 주제 확인

◎ 다음 문장에 들어갈 단어들을 써 보세요.

BTS 페스타로 인해 외국인 투숙객과 백화점 관광객 매출이 ☐☐☐☐☐☐☐☐☐☐☐☐☐. 이런 현상을 'BTS ☐☐☐☐☐☐'라고 하는데, 이로써 얻게 되는 직간접적인 경제 효과는 수조 원이 될 것으로 전망한다.

텍스트 | 구조화

◎ 기사의 주요 내용을 도형의 빈칸에 써서 텍스트를 구조화해 보세요.

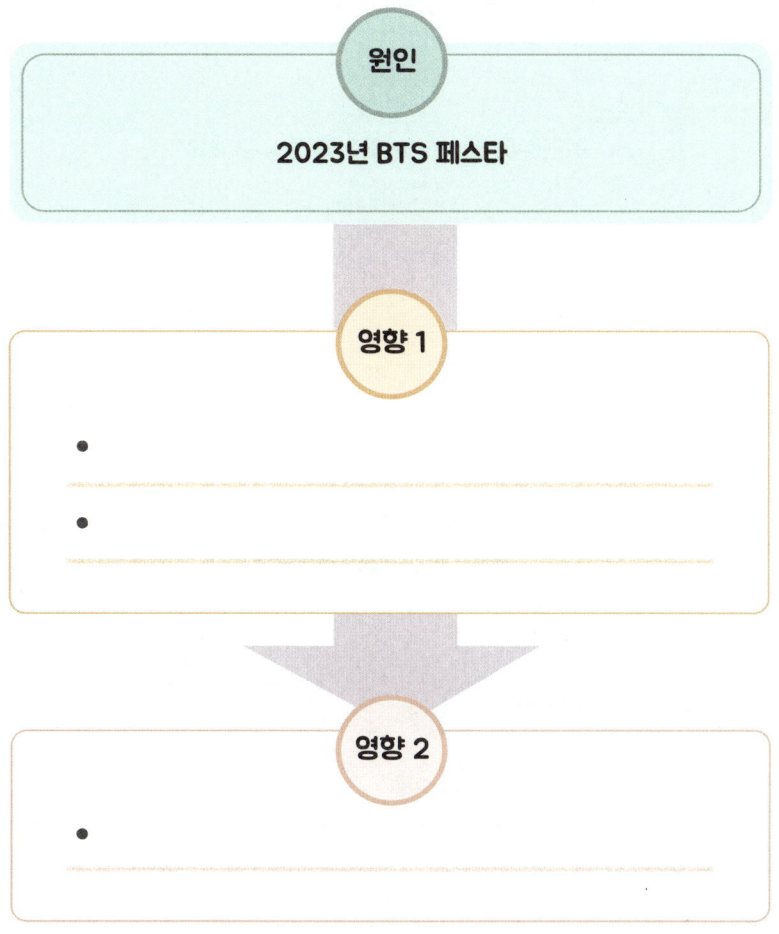

기사 속 표현 | 한 문장

◎ 다음 표현을 사용하여 문장을 만들어 보세요.

전망하다

전망하다:
앞날을 헤아려
내다보다

예) 경제학자들은 당분간 국내 경제가 계속 나빠질 것으로 전망했다.

생각 쓰기 | 글 한 편

◎ 여러분이 좋아하는 아이돌은 누구예요? 그 아이돌을 좋아해서 여러분이 하게 된 일이 있어요? 그것은 여러분에게 어떤 영향을 미쳤다고 생각해요? 여러분의 생각을 메모해 보세요.

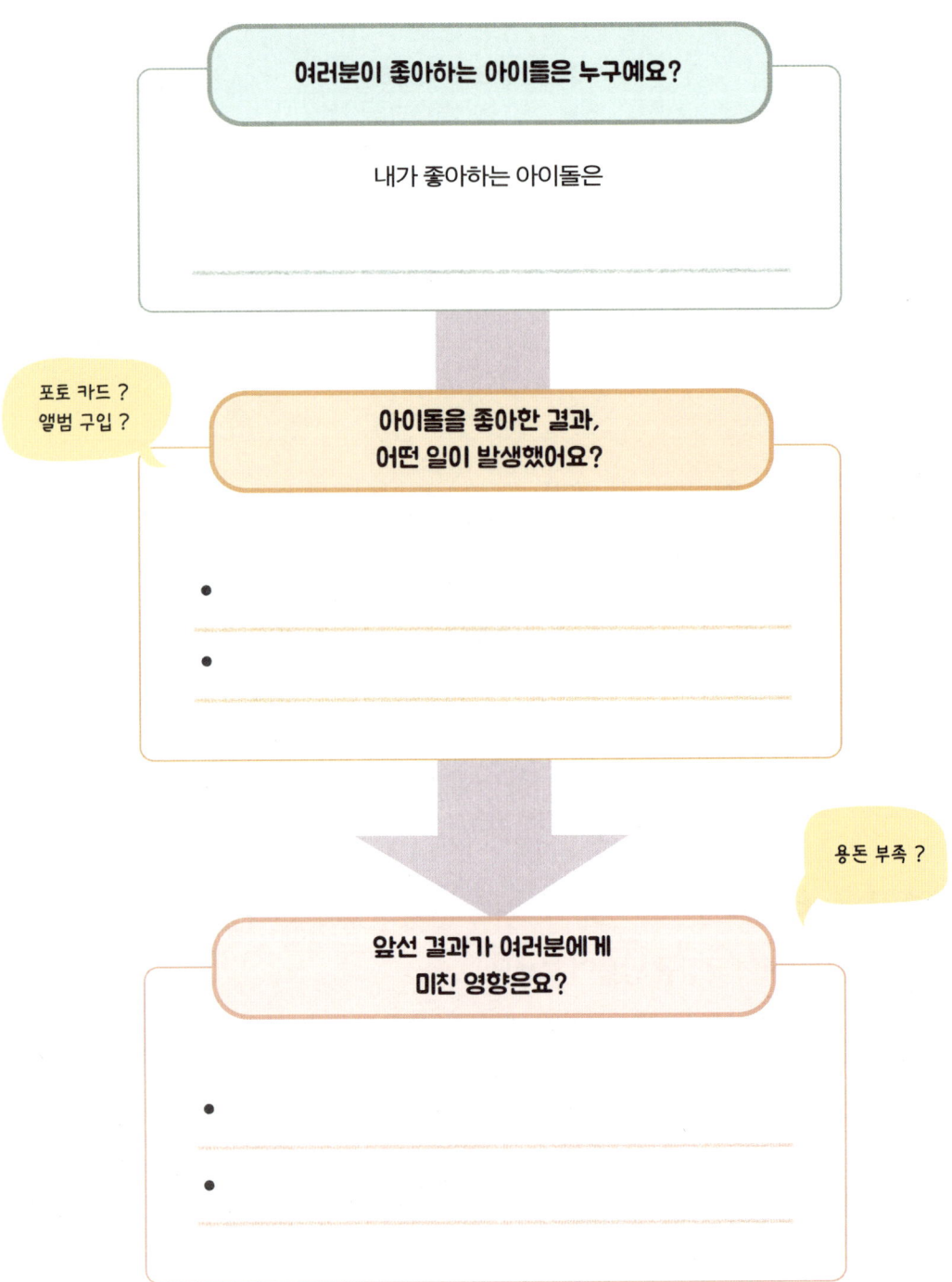

◎ 메모한 내용을 바탕으로 다음 제목의 글을 완성해 보세요.

내가 좋아하는 아이돌이 나에게 미친 영향

좋아하는 이유

나는 _____ 전부터 _____ 을/를 좋아해 왔다.

_____ 은/는 _____

_____

_____

아이돌을 좋아한 결과

그래서 나는 _____

_____

_____

_____

미친 영향

_____ 을/를 좋아해서 발생한 위의 일들은 다음과 같은 영향을 미쳤다 _____

_____

_____

_____

_____

📎 이런 표현 써 보기

쓴 내용 외에 하나 더 쓰고 싶을 때

- ~뿐만 아니라
- ~뿐더러

PART 3 원인과 결과

26 ☆★★

새로 산 물건인데
자꾸 고장이 난다면

쓰기 전 | 신문 읽기

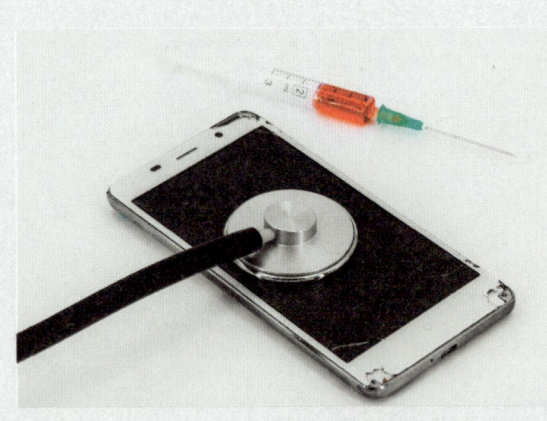

새로 산 물건인데 얼마 되지 않아 고장이 나 버린 경험이 다들 있을 것이다. 기술은 더 좋아지는데 제품 사용 가능 기간은 점차 줄어든다. 왜 그럴까?

소비자들은 보통 물건을 살 때 전보다 가격이 비싸지면 사지 않으려고 한다. 그러니 생산자들은 물가나 인건비가 올라도 물건값을 올리지 않으려고 저렴한 재료를 사용하고, <u>그에 따라</u> 제품의 질은 자연히 나빠진다. 물건값이 상승하면 물건을 사려는 사람이 ☐☐☐☐☐ 것을 가격 탄력성이라 하는데, 가격 탄력성이 제품의 질을 떨어뜨리는 원인이 되는 것이다. 또한 뭐든 '새로운 것이 좋다'라고 생각하는 소비자들이 늘고 있다. 회사들은 이에 새로운 제품을 빠르고 저렴하게 만들어 내야 하는데, 이 역시 제품의 질을 떨어뜨린다. 제품 질 하락의 또 다른 원인으로 수리 부품을 만들지 않는 기업들의 태도도 한몫을 차지한다. 소비자가 수리해서 더 쓰고 싶어도 사용할 수 없는 상황을 만드는 것이다.

신문 읽고 | 주제 확인

◎ 기사의 빈칸을 채워 문장을 완성해 보세요.

물건값이 상승하면 물건을 사려는 사람이 ☐☐☐☐☐ 것을 가격 탄력성이라 한다.

텍스트 | 구조화

◎ 기사의 주요 내용을 도형의 빈칸에 써서 텍스트를 구조화해 보세요.

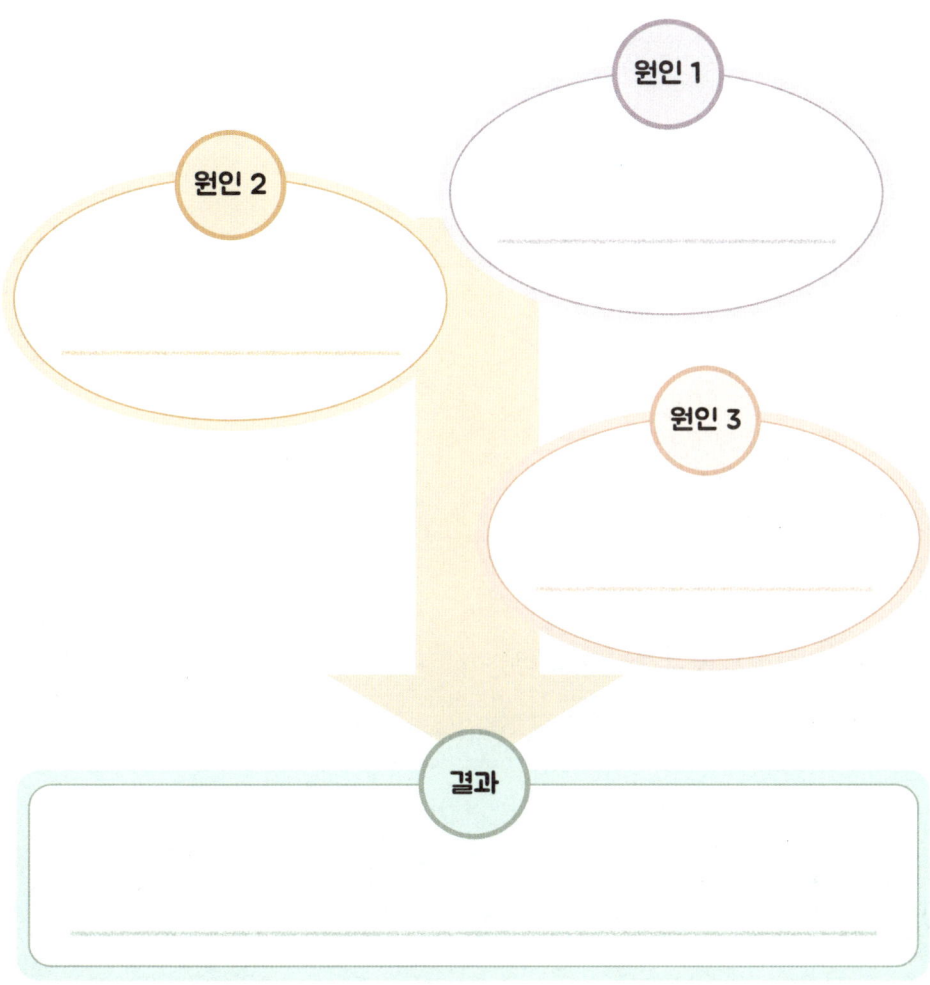

기사 속 표현 | 한 문장

◎ 다음 표현을 사용하여 문장을 만들어 보세요.

그에 따라

그에 따라:
어떤 일이 다른 일과 더불어 일어나다

예) 우리 집에 핸드폰 사용 금지령이 내려졌고 그에 따라 이제 집에서 아무도 핸드폰 사용을 못 한다.

생각 쓰기 | 글 한 편

◎ 물건을 새로 샀는데 금방 고장이 나거나 부러져 사용하지 못한 경험이 있어요? 여러분의 생각을 메모해 보세요.

1. 언제, 얼마에, 무엇을 샀는지
   _____

2. 그 물건을 산 이유
   _____

3. 얼마 동안 사용하다 고장이 났는지
   _____

4. 고장 난 후 고쳐서 사용했는지, 버렸는지
   _____

5. 그때 든 생각과 느낌은
   _____

 더 멋진 글로 완성하고 싶다면?

글을 쓸 때는 내용을 구체적으로 쓰려고 노력하는 것이 매우 중요해요! 새로 산 물건이 금방 고장이 나서 사용하지 못한 경험을 쓸 때 어떤 내용을 넣으면 구체적인 글이 될까요?
_____

◎ 메모한 내용을 바탕으로 다음 제목의 글을 완성해 보세요.

_____ 만에 고장이 나버린 나의 _____

언제?
얼마?
무엇을?

나는 _____

_____ 을/를 구입했다.

물건을 산 이유

얼마 후 고장?

고장 난
다음과
그때 느낌

이런 표현 써 보기

후회를 나타내고 싶을 때

- 속상하다
- 자책하다
- 아쉽다
- 실망스럽다
- 유감스럽다
- 땅이 꺼지게 한숨을 쉬었다
- 땅을 치고 후회했다

27  지금 당장 삭제해야

쓰기 전 | 신문 읽기

틱톡 앱 사용 금지령이 미국을 중심으로 세계 각국으로 퍼져나가고 있다. 캐나다와 일본에서는 정부에 등록된 모든 전자기기에서 틱톡 사용이 금지되었다. 유럽 의회 역시 틱톡 앱 사용을 금지했고 덴마크 의회도 의원과 직원들에게 틱톡 앱을 삭제하라고 했다.

세계 각국에서 틱톡 앱 사용을 금지한 것은 틱톡이 앱 이용자의 정보를 상당량 수집하고 있다는 우려 때문이다. 틱톡이 정보를 모으는 방식이 이용자들이 사이버 공격을 쉽게 당하게 만든다는 조사 결과도 나왔다. 수집한 틱톡 이용자의 개인 정보가 쉽게 유출될 수 있을 뿐만 아니라, 이러한 정보가 중국 정부에 넘어가고 있다는 지적도 계속 나오고 있다.

이에 대해 틱톡 사용을 금지하는 것은 표현의 자유를 침해한다며 앱 사용 금지에 반대하는 사람들도 많다. 정보유출과 표현의 자유, 이 두 상반되는 입장 사이의 논란은 당분간 계속될 것으로 보인다.

신문 읽고 | 주제 확인

◎ 다음 문장에 들어갈 단어들을 써 보세요.

세계 각국은 ☐☐☐☐☐☐ 을 쉽게 받을 수 있을 뿐만 아니라

☐☐☐☐☐☐ 가 쉽게 유출될 수 있어 틱톡 앱 사용을 ☐☐☐☐☐ 했다.

텍스트 | 구조화

◎ 기사의 주요 내용을 도형의 빈칸에 써서 텍스트를 구조화해 보세요.

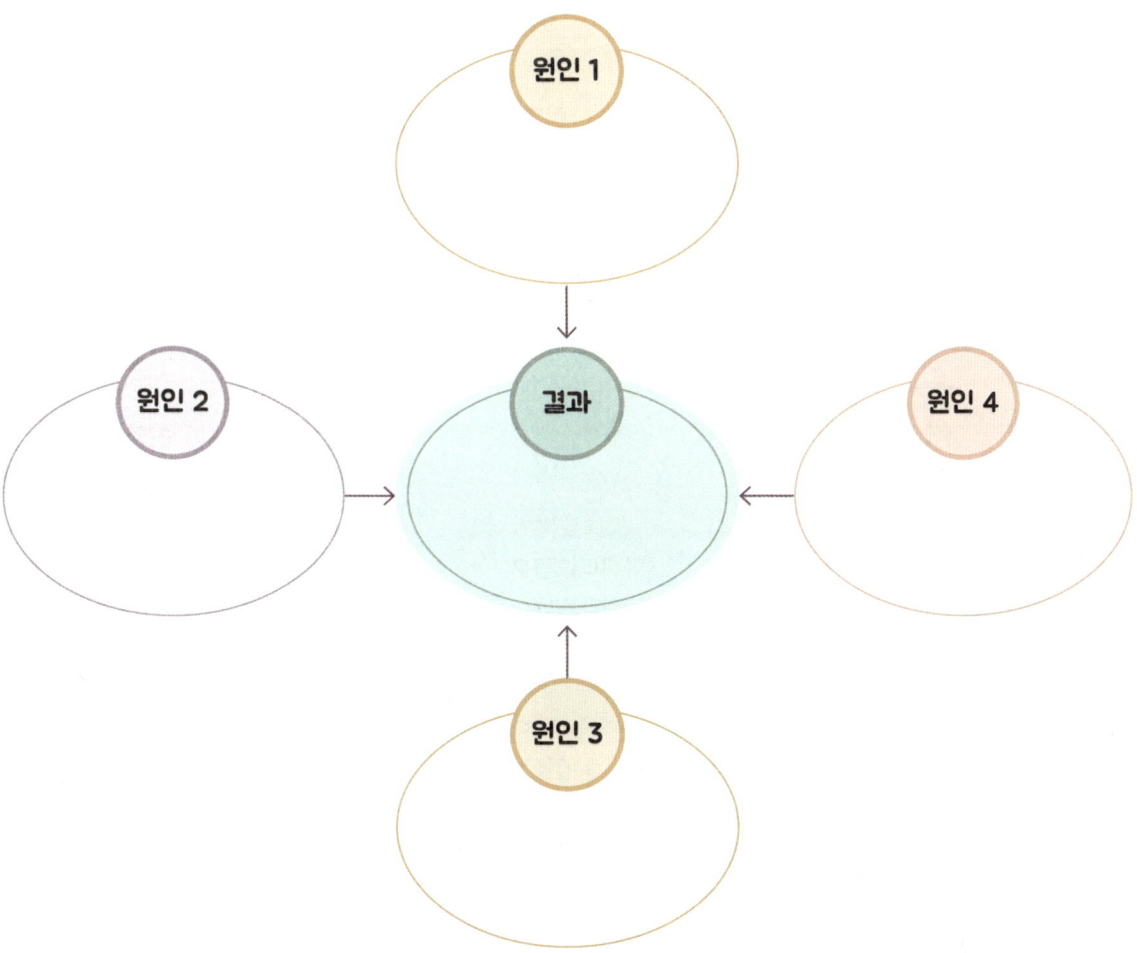

기사 속 표현 | 한 문장

◎ 다음 표현을 사용하여 문장을 만들어 보세요.

상당량

상당량:
어지간히 많은,
또는 적지 아니한 양

예) 우리 학교 도서관에는 어린이가 꼭 읽어야 할 책이 상당량 구비되어 있다.

생각 쓰기 | 글 한 편

◎ 즐겨 사용하는 앱이나 보는 영상이 있어요? 그 앱이나 영상의 어떤 점 때문에 자주 사용하거나 보나요? 여러분의 생각을 메모해 보세요.

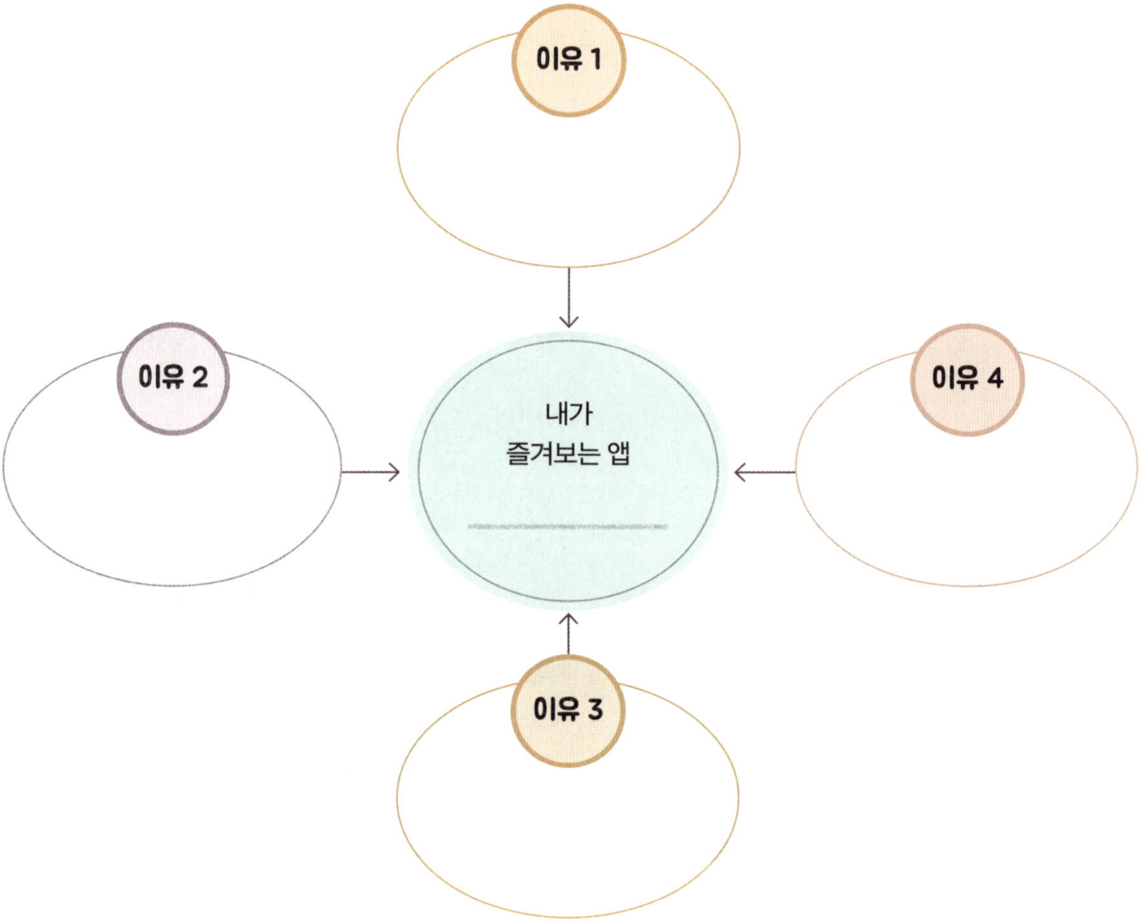

- 이유 1
- 이유 2
- 이유 3
- 이유 4

내가 즐겨보는 앱

 더 멋진 글로 완성하고 싶다면?

풍부한 표현을 쓸 때는

'재미있어서' 또는 '좋아서' 대신 다른 구체적인 표현을 써 보세요.

어릴 때 추억이 떠올라서
하늘로 붕 떠오르는 기분이 들 만큼 신이 나서
누가 불러도 못 들을 만큼 푹 빠져서

위와 같은 표현을 써서 여러분만의 글을 완성해 보세요

◎ 메모한 내용을 바탕으로 다음 제목의 글을 완성해 보세요.

내가 즐겨 사용하는 _____에 대하여

앱/영상의 내용 소개

　　내가 즐겨 사용하는 앱/영상은 _____ 이다.

　그 앱/영상은 _____

_____

_____

자주 사용하는 이유

_____

_____

_____

_____

_____

_____

_____

마무리

_____

> 마무리로 느낀 점을 솔직하게 써 보면 어떨까요?

_____

_____

_____

28 ☆★★ 잠자던 바이러스가 깨어났다

쓰기 전 | 신문 읽기

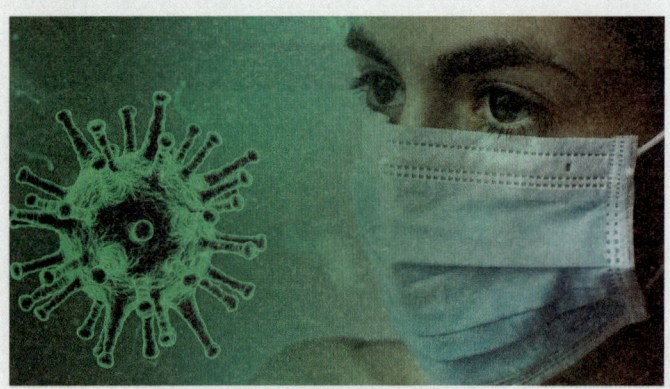

지구 온난화로 빙하가 빠르게 녹기 시작하면서 빙하나 영구 동토층에 갇혀 있던 바이러스가 잠에서 깨어나기 시작했다. 4만 5천 년 동안 잠들어 있던 바이러스가 되살아난 것이다.

이들은 여태껏 인간들이 만나 보지 못한 낯선 바이러스이다. 그렇기에 이들 바이러스에 대한 지식도, 면역력도 전혀 없는 상태이다.

고대 바이러스가 실제로 사람을 감염시킬 가능성은 적지만 연구진들은 얼음이 녹는 속도가 빨라지고 그 지역에 사는 사람들이 늘어나면 감염 위험은 높아질 수 있다고 말한다. 또한 얼음 속에 갇혀 있던 바이러스와 세균이 기후 변화로 세상 밖으로 나오면서 야생 동물들을 감염시킬 위험이 있다고 밝혔다. 또한 빙하가 녹은 물이 많은 곳일수록 바이러스 감염 위험은 더 높은 것으로 나타났다.

신문 읽고 | 주제 확인

◎ 기사의 핵심 단어를 모두 골라 보세요.

> 중요한 단어와 중요하지 않은 단어로 분류해 봐요.

- 빙하
- 지구 온난화
- 지식
- 고대 바이러스
- 실제로
- 녹다
- 감염
- 얼음

텍스트 | 구조화

◎ 기사의 주요 내용을 도형의 빈칸에 써서 텍스트를 구조화해 보세요.

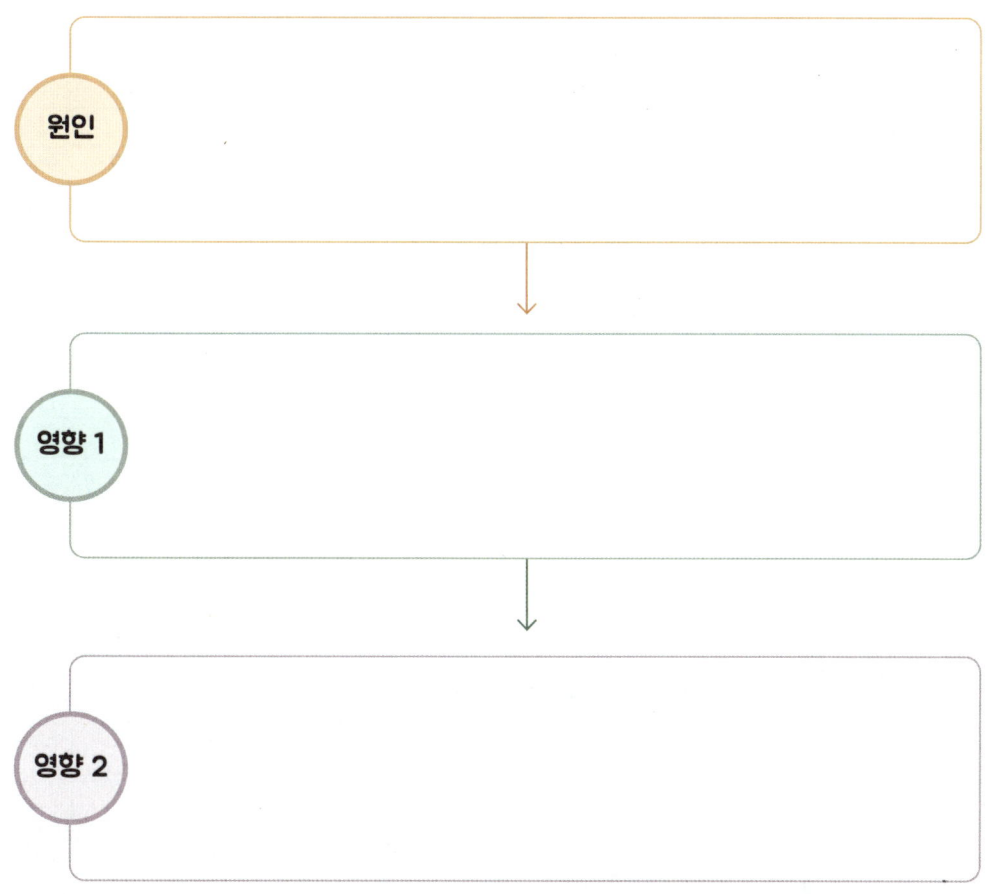

기사 속 표현 | 한 문장

◎ 다음 표현을 사용하여 문장을 만들어 보세요.

여태껏

여태:
지금까지.
또는 아직까지

예) 여태껏 미루다 이제야 방학 숙제를 하는 아이를 엄마가 호되게 혼냈다.

생각 쓰기 | 글 한 편

◎ 고대 바이러스가 왜 잠에서 깨어났어요? 그리고 잠에서 깨어나면 어떤 문제가 생길까요? 우리가 할 수 있는 일은 없을까요? 여러분의 생각을 메모해 보세요.

 더 멋진 글로 완성하고 싶다면?

어려운 주제를 쓸 때는

글의 주제를 보고 어려워 보인다고 당황하지 마세요.
질문에 대해 차례대로 대답을 간단히 써 보면서 생각을 정리해 보세요.
기억이 나지 않으면 기사를 다시 한번 읽어 보세요.

고대 바이러스가 되살아난 이유

↓

생길 수 있는 문제

↓

우리들이 할 수 있는 일

◎ 메모한 내용을 바탕으로 다음 제목의 글을 완성해 보세요.

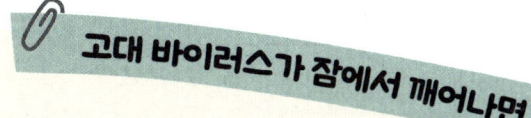

빙하나 영구 동토층에 갇혀 있던 고대 바이러스가 잠에서 깨어나기 시작했다.

원인 ▶ 고대 바이러스가 잠에서 깨어나고 있는 원인은 _____

생길 수 있는 문제 ▶

우리가 할 수 있는 일 ▶

PART 3 원인과 결과

제목:

쓰기 전 | 신문 읽기

올봄에도 어김없이 강원도에 큰 산불이 발생했다. 이번 산불로 축구장 면적의 144배에 이르는 산림과 72채의 주택과 펜션이 불타고 인명 피해도 발생했다.

강원도 산불이 이렇게 커진 것은 건조하고 뜨거운 바람 때문이었다. 봄에는 남쪽의 고기압, 북쪽의 저기압이 발달하면서 서쪽에서 동쪽으로 바람이 불어오는데, 이 서풍이 태백산맥을 넘어오면서 뜨겁고 건조해지는 푄 현상을 일으킨다. 이때 바람의 세기도 태풍처럼 빨라진다. 이 바람을 양간지풍이라고 부르는데, 이는 강원도 영동 지방의 양양과 간성 사이에서 부는 바람이라는 뜻에서 만들어진 말이다. 푄 현상과 양간지풍이 바로 강원도 산불을 크게 일으키는 큰 원인 중 하나다.

기후 변화로 지구가 점점 건조해지고 있다는 점도 반복되는 산불의 이유다. 기후 변화로 기온이 오르고 강수량이 줄면서 산불 위험이 점점 커지고 있는 것이다. 매년 산불 발생 위험도가 높아지는 만큼 모두의 주의가 필요하다.

신문 읽고 | 주제 확인

◎ 기사의 제목을 자유롭게 지어 보세요.

제목:

텍스트 | 구조화

◎ 글의 구조를 한눈에 알아보기 쉽게 도형으로 그려 보고, 기사의 주요 내용을 도형에 써서 텍스트를 구조화 해보세요.

> 앞에서 연습한 텍스트 구조화 도형들을 참고해 직접 그려보세요.

기사 속 표현 | 한 문장

◎ 다음 표현을 사용하여 문장을 만들어 보세요.

어김없이

> 어김없이:
> 틀림이 없이

예) 오늘 축구 경기도 우리 팀이 어김없이 이길 거야!

PART 3 원인과 결과　135

생각 쓰기 | 글 한 편

◎ 강원도에 산불이 자주 일어나는 원인의 기사를 읽었어요. 이 기사를 요약한다면 어떤 단어가 필요할까요? 아래에 핵심 단어를 메모해 보세요.

 더 멋진 글로 완성하고 싶다면?

요약하는 글을 쓸 때는

1. 글을 요약할 때는 먼저 가장 중요한 내용이 무엇이었는지, 대표하는 핵심 단어가 무엇이었는지 떠올려 봐야 해요.

2. 핵심 단어를 찾았다면 이 단어들을 연결해 내용을 요약해 보세요.

3. 요약할 때 중요한 것은 기사에 나온 문장을 그대로 가지고 와서 베껴 쓰면 안 된다는 거예요. 여러분만의 문장으로 바꾸어 써 보세요!

◎ 메모한 핵심 단어를 잘 연결해 앞의 기사 내용을 요약해 보세요.

> 기사의 문장을 그대로 쓰지 말고 자기만의 글로 다시 써 보세요.

내가 쓴 글 검토해 보기

여러분의 글을 스스로 검토하면서 표정에 체크해 보세요.	😊	😐	😞
1. 기사의 핵심 내용이 모두 들어갔다			
2. 앞뒤 문장의 내용이 자연스럽게 연결됐다			
3. 글을 마무리하는 문장을 썼다			
4. 다양한 표현을 쓰려고 노력했다			
5. 원 기사의 문장을 그대로 베껴쓰지 않았다			

30 ★★★ 누가 누가 먼저 달에 가나!

쓰기 전 | 신문 읽기

아폴로 11호가 처음으로 달에 착륙한 지 50여 년이 지난 지금, 미국, 중국 등 여러 국가가 달 탐사와 달 기지 건설에 힘을 쏟고 있다.

아르테미스 계획을 진행 중인 미국은 2025년에 유인 우주선을 달에 보내 달 기지를 건설하고, 최종적으로는 사람을 달에 상주시키려고 한다. 중국은 2007년 '창어 1호'를, 2019년에는 창어 4호가 세계 최초로 달 뒷면에 착륙했으며, 2020년에는 달 샘플을 구한 뒤 귀환에 성공했다. 중국도 2030년, 달 기지와 우주 정거장을 지을 계획이다. 한국도 2032년에 달에 착륙해 자원을 찾아 나설 계획이다.

세계 각국이 달에 가려는 이유는 달에는 헬륨-3, 희토류 등의 귀한 자원들이 풍부하게 있기 때문이다. 헬륨-3은 석탄 40톤 어치 에너지를 내면서도 나쁜 물질을 뿜지 않는 꿈의 연료이며, 달에 있는 헬륨-3으로 지구 전체에 1만 년간 에너지를 공급할 수 있다. 또한 희토류는 스마트폰, 전기 자동차, TV 등 전자 제품을 만드는 데 쓰이는 자원이다.

신문 읽고 | 주제 확인

◎ 다음 문장에 들어갈 단어들을 써 보세요.

달에는 인간이 사용할 수 있는 [   ]이 풍부하게 있기 때문에 미국과 중국을 비롯한 세계 각국이 [   ]을/를 하려고 노력하고 있다.

텍스트 구조화

◎ 글의 구조를 한눈에 알아보기 쉽게 <u>도형으로 그려 보고</u>, 기사의 주요 내용을 도형에 써서 텍스트를 구조화해 보세요.

기사 속 표현 | 한 문장

◎ 다음 표현을 사용하여 문장을 만들어 보세요.

> 최종적

최종적:
맨 나중의 것

예) 우리 모둠에서 과제를 어떻게 진행할지 오늘 최종적으로 결정했다

PART 3 원인과 결과

생각 쓰기 | 글 한 편

◎ 미래에 인류가 달 탐사로 헬륨-3, 희토류 등의 자원을 풍부하게 구할 수 있게 된다면 우리 사회에는 어떤 변화가 생길까요? 여러분의 생각을 메모해 보세요.

더 멋진 글로 완성하고 싶다면?

무엇을 쓸지 생각나지 않을 때는

―무엇을 써야 할지 잘 생각나지 않을 때는 먼저 질문을 쪼개서 생각해 봐요.
―어떤 질문으로 나눠 생각해 볼 수 있을까요?

1. 헬륨-3, 희토류는 무엇?
   _____

2. 석탄, 석유 대신 헬륨-3, 희토류를 쓰면 좋은 점은?
   _____

3. 달 자원을 풍부하게 쓸 수 있다면 우리 삶에 어떤 변화?
   _____

4. 달 자원을 사용하는 데 있어 부정적인 면은 없을지?
   _____

◎ 메모한 내용을 바탕으로 다음 제목의 글을 완성해 보세요.

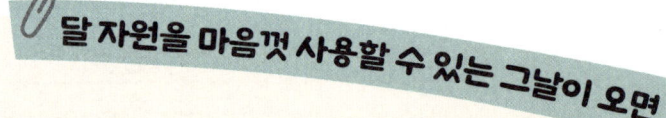
달 자원을 마음껏 사용할 수 있는 그날이 오면

_____
_____
_____

내가 쓴 글 검토해 보기

여러분의 글을 스스로 검토하면서 표정에 체크해 보세요.	😊	😐	😞
1. 글을 흥미롭게 시작했다			
2. 글을 뒷받침하는 예시나 근거를 충분히 썼다			
3. 글을 마무리하는 문장을 썼다			
4. 다양한 표현을 쓰려고 노력했다			
5. 앞뒤 문장의 내용이 자연스럽게 연결됐다			

PART 4

문제와 해결

31　제목 :
32　동물들을 지켜라, 이제는 비건 패션 시대!
33　케냐 아이들, 학교로 돌아오다!
34　갈 곳 없는 사람들의 슬픈 이야기
35　미운 말하기 전, 잠깐의 멈춤이 필요할 때
36　방귀를 뀌려거든 돈을 내고 뀌어라
37　총성 없는 종자 전쟁의 시작
38　마트 냉장고에 문을 달면 생기는 일
39　하루 이틀 그다음은 삼일?
40　제목 :

> 제목:

쓰기 전 | 신문 읽기

커피 원두와 초콜릿의 카카오 열매를 얻는 과정에서 수많은 어린이들이 착취당하고 있다. 아프리카 지역의 어린이들은 열매를 따기 위해 학교에도 가지 못하고 오랜 시간 위험한 환경에서 일한다. **그뿐만 아니라** 제대로 된 임금도 받지 못한다. 초콜릿 판매 이득의 대부분을 대기업이 가져가기 때문이다.

이런 불공정한 과정은 '공정 무역'으로 해결할 수 있다. 공정 무역이란, 개발 도상국의 생산자와 선진국이 공정한 과정을 통해 동등한 혜택을 얻는 무역을 말한다. 공정 무역을 시행하게 되면 생산자에게 정당한 대가를 주고 소비자에게 질 좋은 제품을 공급할 수 있다.

나쁜 원료를 쓰거나 노동력을 함부로 쓰면 공정 무역 인정 마크를 받을 수 없다. 착한 소비라고도 불리는 공정무역! 생산자와 소비자 모두 행복해질 수 있는 공정 무역을 이제 적극적으로 실천해 나가야 한다.

신문 읽고 | 주제 확인

◎ 기사의 제목을 자유롭게 지어 보세요.

제목:

텍스트 | 구조화

◎ 기사의 주요 내용을 도형의 빈칸에 써서 텍스트를 구조화해 보세요.

문제
- 원두와 카카오 열매 따며 어린이들을 착취

문제 예시
- 열매를 따기 위해
  1.
  2.
  3.

해결책
- 공정 무역을 통해

기사 속 표현 | 한 문장

◎ 다음 표현을 사용하여 문장을 만들어 보세요.

그뿐만 아니라

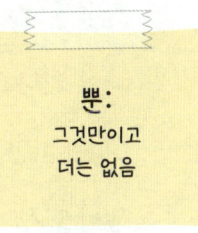

뿐:
그것만이고
더는 없음

예) 그 아이는 고집이 아주 세다. **그뿐만 아니라** 한 것도 하지 않았다고 우기는 등의 거짓말도 잘한다.

PART 4 문제와 해결

생각 쓰기 | 글 한 편

◎ 누군가 여러분을 불공정하게 대한다고 느낀 적이 있어요? 어떤 일이 있었어요? 그 일은 어떻게 해결할 수 있을까요? 예시를 보고 여러분의 생각을 끌어내 보세요.

이렇게 써 볼 수 있어요!

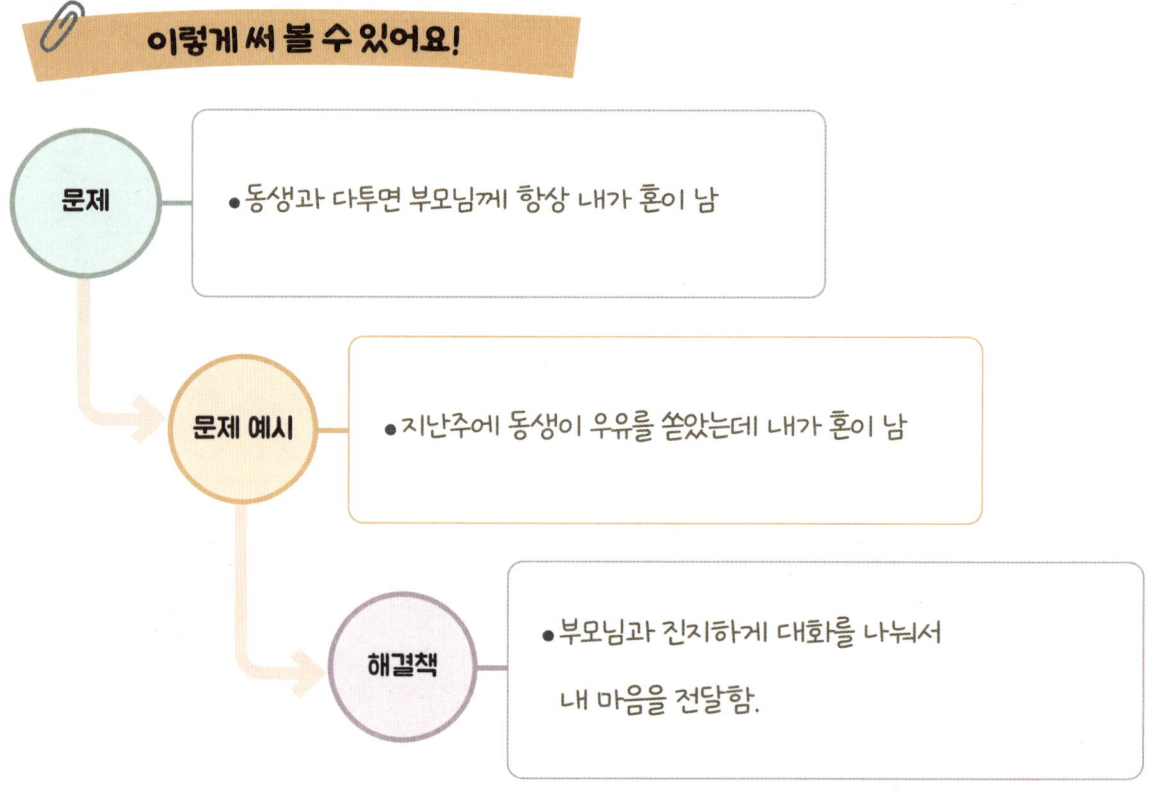

- 문제: 동생과 다투면 부모님께 항상 내가 혼이 남
- 문제 예시: 지난주에 동생이 우유를 쏟았는데 내가 혼이 남
- 해결책: 부모님과 진지하게 대화를 나눠서 내 마음을 전달함.

　동생과 싸우면 그게 어떤 일이었든 형이라는 이유로 부모님께 항상 내가 혼이 난다. 지난주에도 이와 같은 일이 있었다. 동생이 우유를 컵에 붓다가 우유를 식탁에 잔뜩 쏟아서 내가 동생을 혼냈는데, 그때 엄마는 형이 도와주지 않았다면서 오히려 나를 혼내셨다. 내가 왜 혼이 나야 하냐고 억울해하며 말했더니 엄마 말씀에 대든다고 더 혼을 내셨다.

　나는 이런 일이 있을 때마다 부모님이 나를 불공정하게 대하신다고 느낀다. 다음번에 이런 일이 또 생기면, 흥분하지 말고 부모님과 차분하게 이야기를 나누면서 내 마음을 알려드려야겠다. 공정하게 대해 달라고 부탁드릴 것이다.

◎ 쓰기 전, 여러분의 생각을 메모해 보고 메모한 내용을 바탕으로 글을 완성해 보세요.

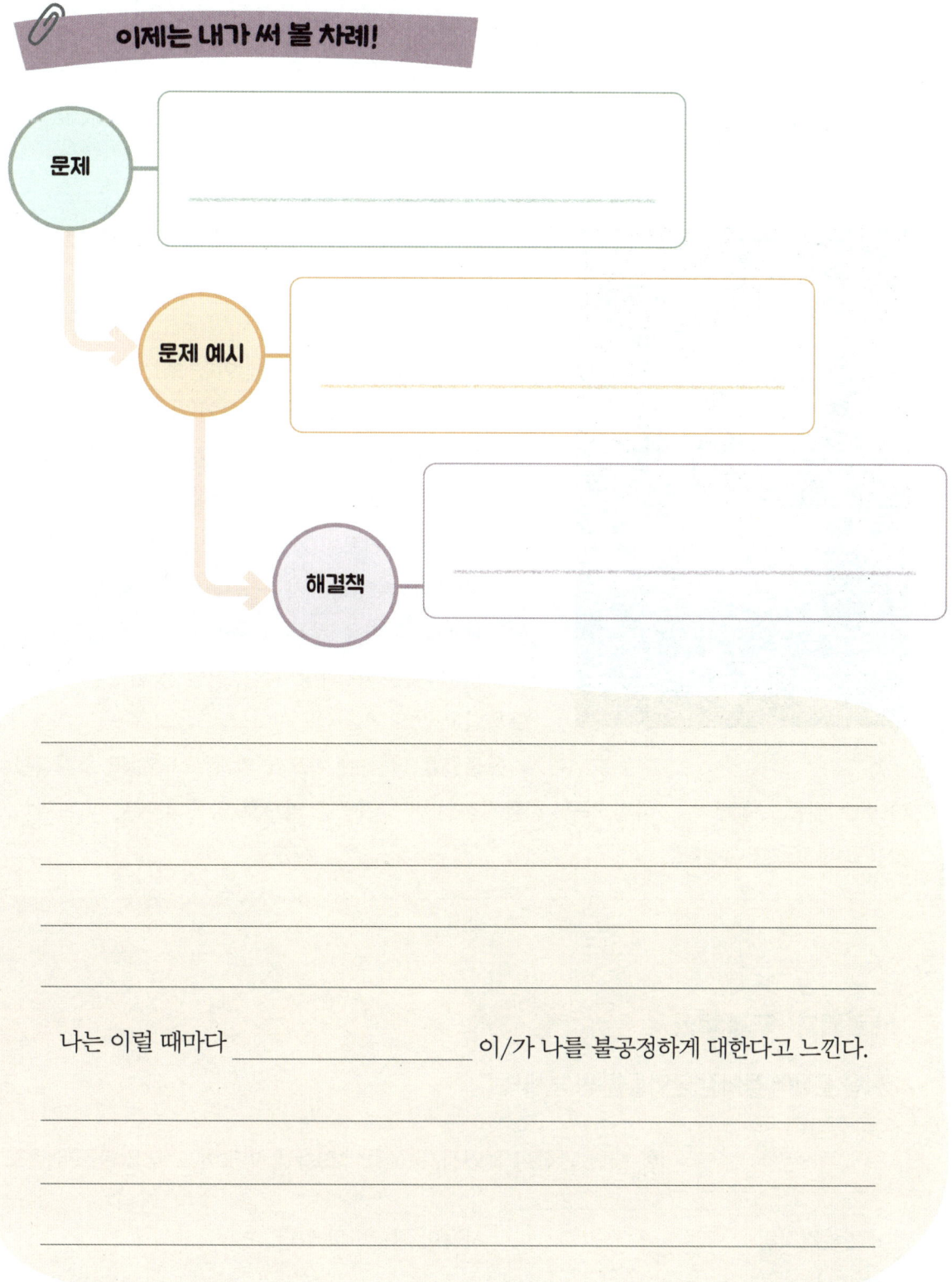

이제는 내가 써 볼 차례!

- 문제
- 문제 예시
- 해결책

나는 이럴 때마다 _____ 이/가 나를 불공정하게 대한다고 느낀다.

32

동물들을 지켜라, 이제는 비건 패션 시대!

쓰기 전 | 신문 읽기

　동물 복지에 대한 사람들의 관심이 높아지면서 식물로 제품을 만드는 비건 방식이 환영받고 있다. 그동안 다운재킷이나 모피 제품을 만들기 위해서는 살아 있는 채로 동물들이 고통을 받아야 했는데, 이제는 동물들의 이런 희생을 모르는 척하지 않겠다는 것이다.

　비건 제품 사용이 늘면서 상상하지도 못했던 재료로 가죽을 만들기 시작했다. **이를테면** 버려지는 파인애플의 잎과 줄기로 가죽을 만들기도 하고, 버섯을 사용해 감촉이 부드러운 가죽을 만들기도 한다. 질기고 튼튼한 선인장 가죽, 종이나 꽃잎으로 만든 가죽도 있다. 비건 가죽은 옷, 가방, 지갑, 신발 등 다양한 곳에서 활용되고 있다.

　동물들을 더 이상 아프게 할 필요도 없고 소가죽보다 탄소 배출도 적게 하는 비건 가죽! 친환경적인 비건 가죽은 앞으로 많은 곳에서 더 활발히 사용될 것으로 기대된다.

신문 읽고 | 주제 확인

◎ 다음 문장에 들어갈 단어들을 써 보세요.

[　　　　　　]에 대한 관심이 늘면서, 동물들이 고통받지 않아도 되고 탄소 배출도 적어 친환경적인 [　　　　　　] 사용이 환영받고 있다.

텍스트 구조화

◎ 기사의 주요 내용을 도형의 빈칸에 써서 텍스트를 구조화해 보세요.

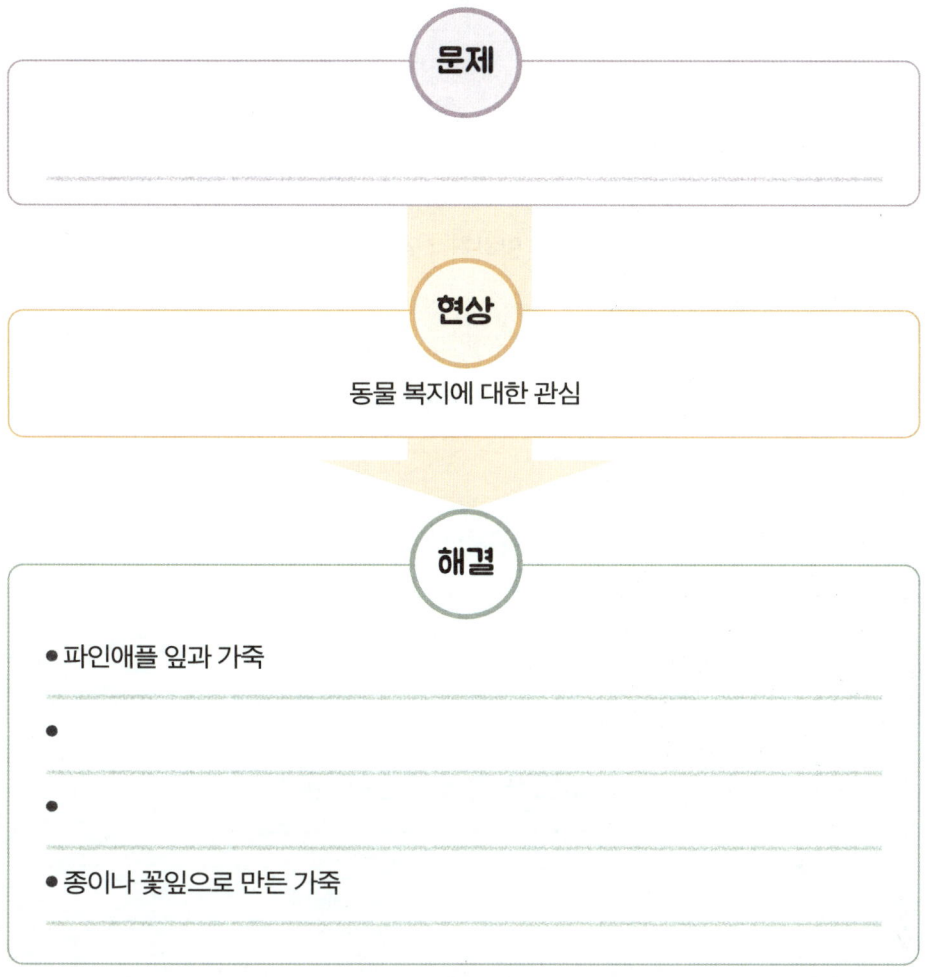

문제

현상
동물 복지에 대한 관심

해결
- 파인애플 잎과 가죽
-
-
- 종이나 꽃잎으로 만든 가죽

기사 속 표현 | 한 문장

◎ 다음 표현을 사용하여 문장을 만들어 보세요.

이를테면

이를테면: 가령 말하자면

예) 역사를 배울 수 있는 곳, 이를테면 경주 같은 곳에 가 보는 게 어때요?

생각 쓰기 | 글 한 편

◎ 동물들이 괴롭힘을 당하거나 열악한 환경에서 살아가는 일이 없도록 하기 위해서 우리가 할 수 있는 일에는 무엇이 있을까요? 여러분의 생각을 메모해 보세요.

◎ 메모한 내용을 바탕으로 다음 제목의 글을 완성해 보세요.

동물들이 행복하게 살아가기 위해 우리가 할 수 있는 일

　사람들의 즐거움이나 편리함을 위해 동물들이 괴롭힘을 당하거나 열악한 환경에서 살아간다. 동물들도 행복하고 안전하게 살아갈 권리가 있다. 이를 위해 우리가 할 수 있는 일에는 무엇이 있을까?

　첫째, _____

_____

_____

_____

_____

　둘째, _____

_____

_____

_____

_____

　이런 노력을 통해 동물들이 더 이상 아파하는 일이 없어졌으면 좋겠다! 앞으로 내가 할 수 있는 작은 일들부터 찾아 실천해야겠다.

33. 케냐 아이들, 학교로 돌아오다!

쓰기 전 | 신문 읽기

기후 변화로 **인한** 가뭄이 적도의 나라, 케냐를 덮쳤다. 가뭄으로 물이 말라 버리면서 케냐에서는 지하 20m에서야 물을 얻을 수 있다.

지하에서 물을 떠 올리려면 어린아이 12명이 필요한데, 아이들은 신발도 없이 지하로 내려가 물을 전달하다 다치는 일이 허다했다. 또 아이들은 학교에도 갈 수 없었다. 흙탕물이라도 구하기 위해 매일 20km의 거리를 걸어가야 했기 때문이다.

가뭄으로 고통받던 케냐 사람들을 돕기 위해 한국 정부와 유니세프가 태양광을 이용해 급수 시설을 만들었다. 집 바로 옆에서 물을 구할 수 있게 되면서 물 부족으로 인한 설사병이 줄었고, 코로나 감염 예방에도 큰 도움이 되었다. 또한 아이들이 먼 곳까지 물을 찾으러 가지 않아도 되면서 아이들이 학교로 돌아오고 있다. 케냐 사람들에게 물이 원활하게 공급되면서 주민들의 건강 상태와 교육 환경이 개선되는 데 많은 도움이 되고 있다.

신문 읽고 | 주제 확인

◎ 기사의 핵심 단어를 모두 골라 보세요.

- 케냐
- 지하
- 가뭄
- 전달하다
- 아이들
- 건강 상태
- 급수 시설
- 물
- 학교
- 적도

텍스트 | 구조화

◎ 기사의 주요 내용을 도형의 빈칸에 써서 텍스트를 구조화해 보세요.

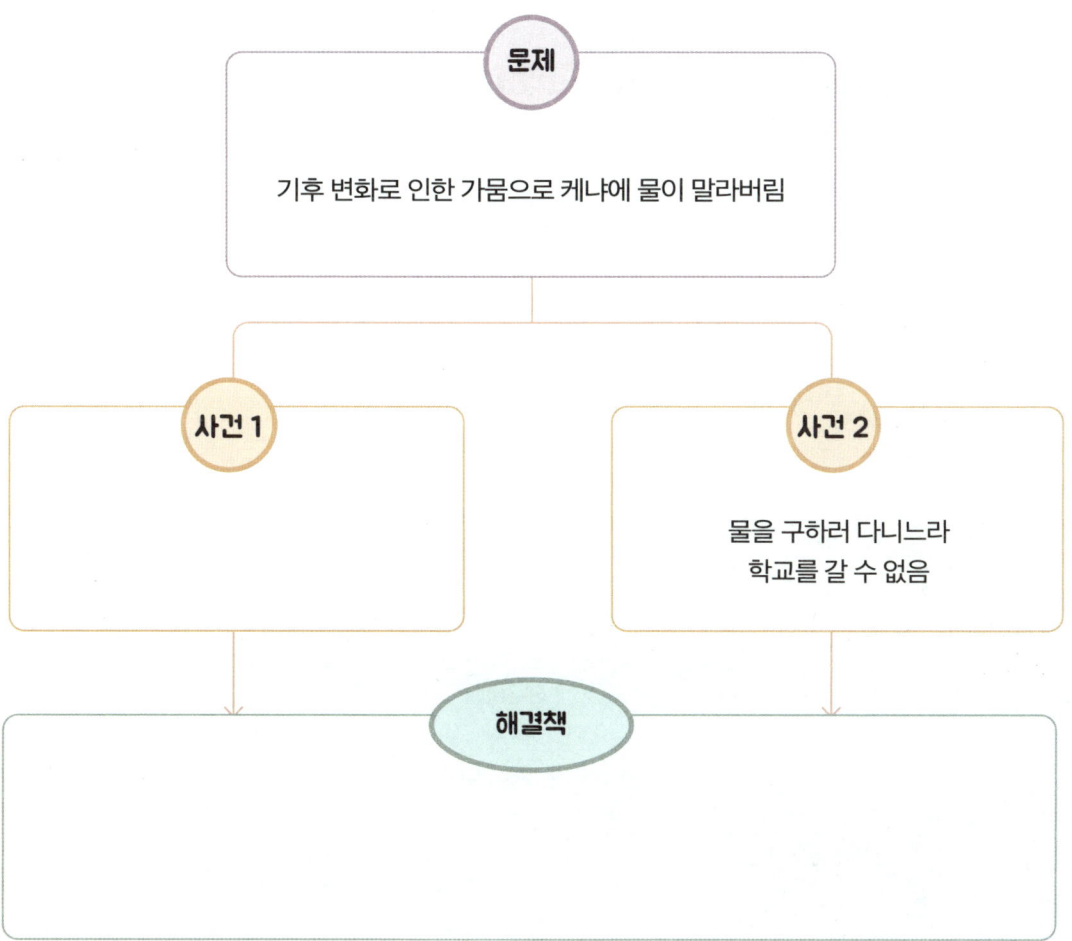

기사 속 표현 | 한 문장

◎ 다음 표현을 사용하여 문장을 만들어 보세요.

~로 인한

인하다:
무엇이
원인이 되다

예) 기후 변화로 인한 폭염 때문에 고통받는 사람들이 많아졌대요.

생각 쓰기 | 글 한 편

◎ 지금 당장 마실 물조차 부족한 상황이 닥쳤다고 상상해 보세요. 그럼 우리에게 어떤 일이 벌어질까요? 예시를 보고 여러분의 생각을 끌어내 보세요.

　물이 부족하면 당장 어떤 일이 벌어질까? 먼저 깨끗한 물을 마음껏 마시지 못하니 건강이 나빠질 것이다. 이뿐만 아니라 손도 자주 씻지 못하므로 설사병과 같은 전염병에 쉽게 걸릴지도 모른다. 또한 물은 우리 삶에 꼭 필요한 것인데 부족하면, 물을 구하기 위해서 사람들 사이에 싸움도 쉽게 일어날 것이다.
　한국도 물 부족 국가라는 이야기를 들은 적이 있다. 당장 마실 물조차 부족한 상황이 언제든 닥칠 수 있다. 그러므로 지금부터라도 물을 아껴 쓰고 낭비를 줄여야겠다.

◎ 쓰기 전, 여러분의 생각을 메모해 보고, 메모한 내용을 바탕으로 글을 완성해 보세요.

이제는 내가 써 볼 차례!

- **문제**: 물이 심각하게 부족함
- **사건1**:
- **사건2**:
- **사건3**:
- **해결책**:

물이 부족하면 당장 어떤 일이 벌어질까? 먼저 _____

_____

이뿐만 아니라 _____

_____

_____

또한 _____

_____

_____

그러므로 _____

PART 4 문제와 해결

34. 갈 곳 없는 사람들의 슬픈 이야기

쓰기 전 | 신문 읽기

2021년 9,000만 명이었던 난민이 2022년 전쟁과 재해로 1억 명으로 늘어났다. 난민이 급격하게 늘고 있는 이유는 계속되고 있는 각지의 내전과 22년에 발발한 우크라이나 러시아 전쟁 때문이다.

예멘은 7년째 계속되는 내전*으로 430만 명이 갈 곳이 없어 난민으로 떠돌고 있다. 시리아에서도 11년째 내전이 이어지고 있다. 우크라이나는 전쟁으로 많은 사람들이 위험한 상황을 피해 다른 나라로 피난을 갔다. 피난길에 오른 난민들은 피난 중에 위험에 처하거나 목숨을 잃기도 한다.

유엔은 난민뿐만 아니라 난민을 받아 준 나라를 돕기 위해 난민 구호금을 모금했고 지금까지 역사상 가장 많은 금액을 모았다. 그러나 우크라이나 난민이 유럽 전 지역으로 780만 명이나 들어오는 등 지원해야 할 난민의 수 역시 크게 늘어났기 때문에 **여전히** 걱정되는 상황이다.

*내전: 한 나라에서 일어나는 싸움

신문 읽고 | 주제 확인

◎ 다음 문장에 들어갈 단어들을 써 보세요.

우·러 전쟁과 각지의 내전으로 늘어난 [　　　　]을 돕기 위한 [　　　　]이 많이 모였지만 난민의 수가 크게 늘어 아직 [　　　　　　　].

텍스트 | 구조화

◎ 기사의 주요 내용을 도형의 빈칸에 써서 텍스트를 구조화해 보세요.

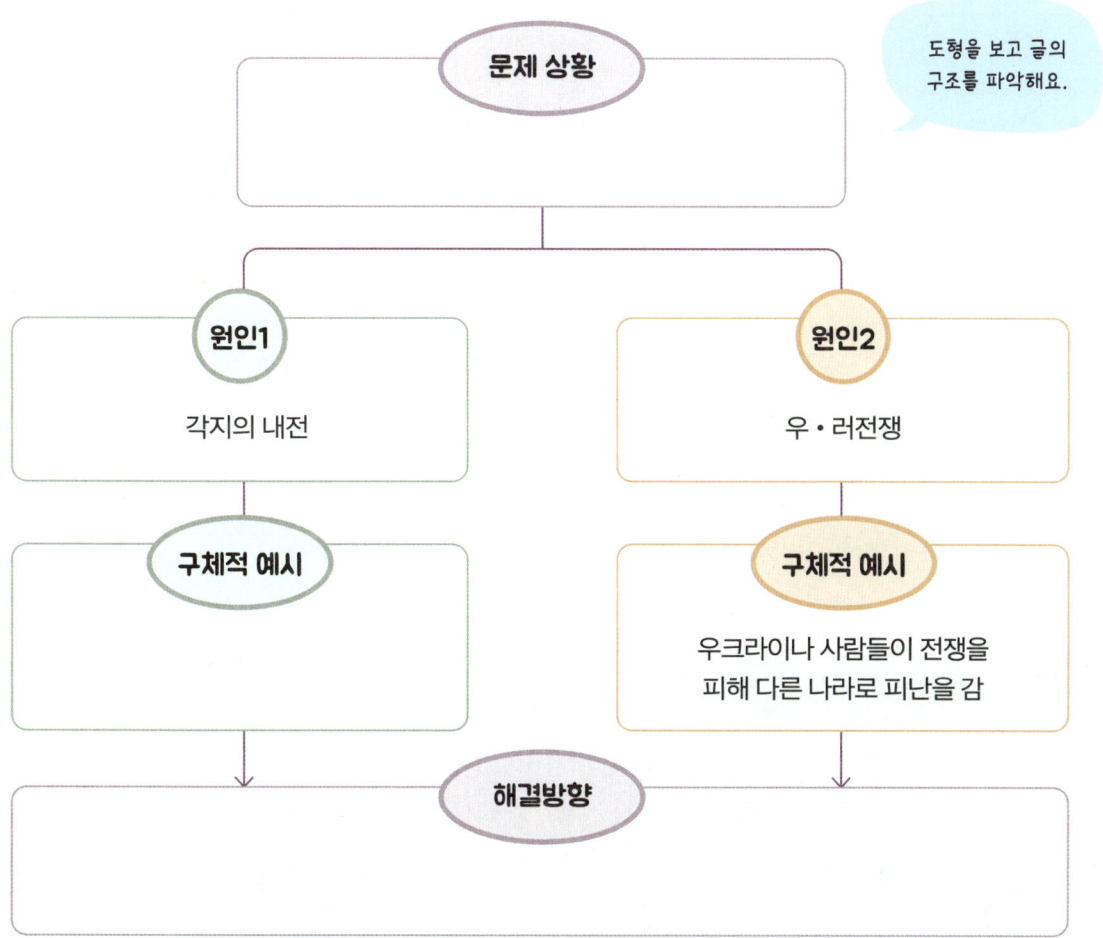

도형을 보고 글의 구조를 파악해요.

기사 속 표현 | 한 문장

◎ 다음 표현을 사용하여 문장을 만들어 보세요.

여전히

여전히: 전과 같이

예) 세연이는 중학생이 된 뒤에도 여전히 멋지고 근사한 내 친구다.

PART 4 문제와 해결

생각 쓰기 | 글 한 편

◎ 우리가 어느 날 갑자기 어디에도 갈 곳 없는 난민이 된다면 어떨 것 같아요? 여러분의 하루가 어떻게 달라질 것 같아요? 예시를 보고 여러분의 생각을 끌어내 보세요.

이렇게 써 볼 수 있어요!

1. 집이 사라지고 어디에도 갈 곳이 없는 난민이 된다면?

너무 힘들고 무서울 것 같다.

2. 달라질 우리들의 하루는?

학교에도 갈 수 없고 놀 수도 없고, 밥도 잘 못 먹고 밤에 잠도 편히 못 잘 것이다.

3. 난민들이 어떻게 되었으면 하는지?

하루빨리 전쟁이 끝나 안전한 생활을 했으면 좋겠다.

어느 날 갑자기 어디에도 갈 곳 없는 난민이 되어 집을 떠나 매일 어디론가 떠돌아다녀야 한다면 먼저 너무 불안하고 무서울 것 같다. 덥거나 추울 때도 밖에서 고생해야 하니까 아주 힘들 것이다. 또 나의 하루도 지금과는 180도로 달라질 것이다. 학교에도 갈 수 없고 친구들과 맘 편히 쉬거나 놀 수 없을 테니까 말이다. 밤에 잠을 잘 때도 갑자기 무슨 일이 생길까 봐 불안해서 푹 자지 못할 것 같다.

지금 이렇게 편한 생활을 하고 있는 것에 대해 감사해야겠다. 또 늘어나는 난민들에 대해 관심을 갖고 그들을 도울 수 있는 방법도 생각해 봐야겠다. 무엇보다도 전쟁이 하루빨리 끝나 그들이 안전하고 편한 생활을 했으면 좋겠다.

◎ 쓰기 전, 여러분의 생각을 메모해 보고, 메모한 내용을 바탕으로 글을 완성해 보세요.

이제는 내가 써 볼 차례!

1. 집이 사라지고 어디에도 갈 곳이 없는 난민이 된다면?
   _____

2. 달라질 우리들의 하루는?
   _____

3. 난민들이 어떻게 되었으면 하는지?
   _____

　어느 날 갑자기 어디에도 갈 곳 없는 난민이 되어 집을 떠나 매일 어디론가 떠돌아다녀야 한다면 _____

_____

_____

_____

_____

_____

_____

_____

35

미운 말하기 전, 잠깐의 멈춤이 필요할 때

쓰기 전 | 신문 읽기

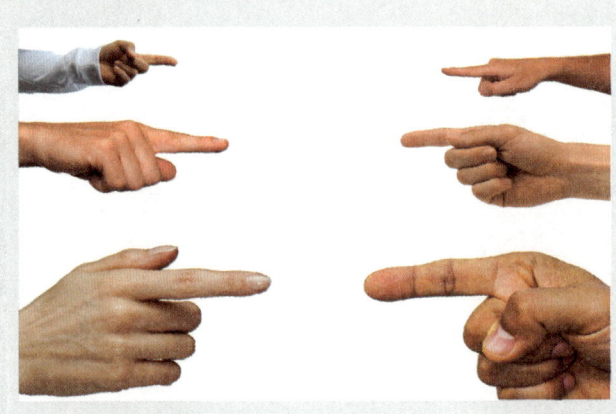

최근 북유럽에서는 경기가 나빠져 생활이 힘들어졌다. 그러자 **특정** 대상에게 원인을 돌리고 그들에 대한 혐오를 숨김없이 드러내는 사회 문제가 발생했다.

전문가들은 혐오 표현에 대한 대책을 시급히 마련해야 한다면서 먼저 '혐오'와 '비판'을 구분할 것을 강조했다. 비판은 사실에 대한 자신의 의견을 건강하게 표현하는 것이지만, 혐오는 특정 대상을 미워하며 사실과 관계없는 감정적인 표현을 내뱉는 것이다. 혐오가 혐오로 끝나지 않도록 건강하게 토론할 수 있는 기회가 필요하다. 또한 누군가 온라인에서 댓글을 달 때 혐오 표현이 심하면 경고 메시지가 뜨는 프로그램도 개발되었다. 경고받는 순간 자신의 댓글에 문제가 있음을 알아채고 고쳐 쓸 수 있는 기회를 주는 시스템이다.

혐오 표현의 피해는 매우 심각하다. 그러므로 _____ .

신문 읽고 | 주제 확인

> 문맥을 논리적으로 파악하며 추측해 봐요.

◎ 다음 문장에 들어갈 단어들을 써 보세요.

혐오 표현의 피해는 매우 심각하다. 그러므로 _____ .

텍스트 | 구조화

◎ 기사의 주요 내용을 도형의 빈칸에 써서 텍스트를 구조화해 보세요.

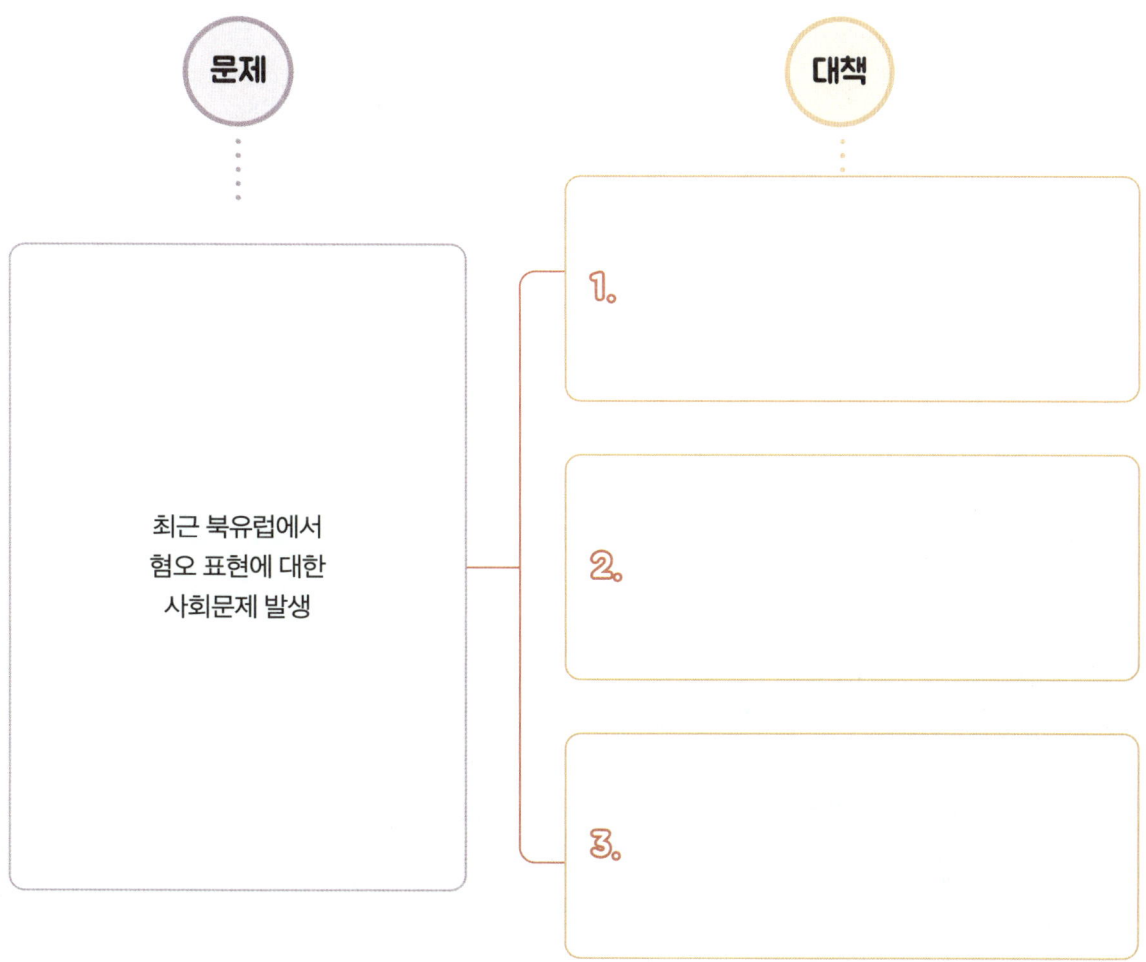

문제

최근 북유럽에서 혐오 표현에 대한 사회문제 발생

대책

1.

2.

3.

기사 속 표현 | 한 문장

◎ 다음 표현을 사용하여 문장을 만들어 보세요.

특정

특정:
특별히 지정함

예) 이 상품권은 **특정** 매장에서만 사용하실 수 있습니다.

생각 쓰기 | 글 한 편

◎ 악성 댓글에 대한 이야기를 들어 본 적이 있어요? 다음 질문에 대답하면서 여러분의 생각을 끌어내 보세요.

악성 댓글

- 악성 댓글이 뭐예요?
- 인터넷에서 악성 댓글을 다는 사람을 본 적이 있어요?
- 나에게 누군가 악성 댓글을 남긴다면 기분이 어떨까요?
- 악성 댓글의 문제는 무엇일까요?
- 악성 댓글을 없애려면 어떤 방법이 있을까요?

◎ 여러분의 생각을 메모해 보세요.

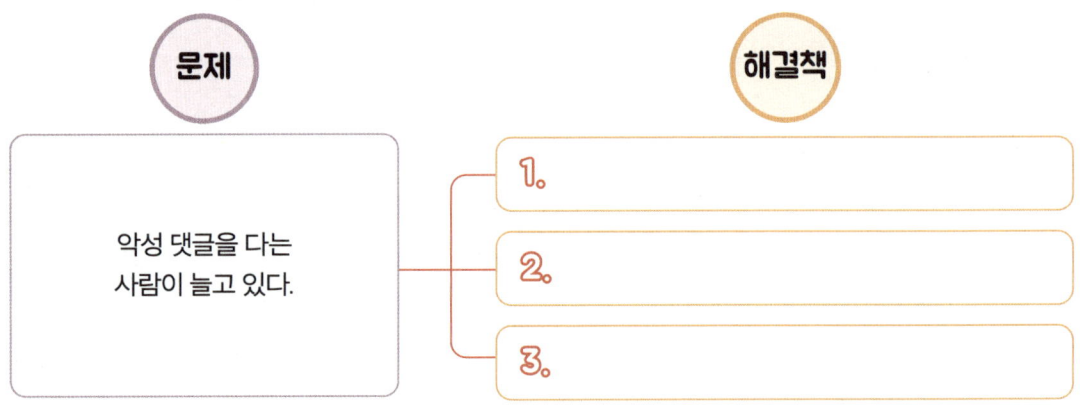

문제: 악성 댓글을 다는 사람이 늘고 있다.

해결책:
1.
2.
3.

◎ 메모한 내용을 바탕으로 다음 제목의 글을 완성해 보세요.

악성 댓글의 문제점과 그 해결책

악성 댓글이란 _____

_____ 을 말한다.

[악성댓글의 문제점]

얼마 전, _____ 에서 아무 근거

없이 쓰인 악성 댓글을 본 적이 있다. _____

_____

_____

_____

_____

[해결책]

_____

_____

_____

_____

_____

_____

_____

이런 표현 써 보기

해결책을 나타내고 싶을 때

− ~을 통해 해결할 수 있다   − 이를 해결하기 위해서는~

PART 4 문제와 해결

방귀를 뀌려거든 돈을 내고 뀌어라

쓰기 전 | 신문 읽기

소의 방귀나 트림이 환경오염을 일으킨다고 한다. 소가 되새김질할 때 발생하는 메탄가스 때문이다.

메탄가스는 지구 온실 효과를 일으키는 주범이다. 소 한 마리가 하루에 트림이나 방귀로 내뿜는 메탄가스의 양은 500리터 정도로 소형차 한 대가 하루에 배출하는 메탄가스 양과 같다. 유엔 보고서에 따르면 소와 같은 가축에서 나오는 메탄가스 양은 전 세계 온실가스의 18%를 차지하는데, 자동차를 포함한 교통수단이 배출하는 메탄가스의 양인 13.5%보다 많다.

소의 방귀가 문제가 된 것은, 육식 소비가 늘어나면서 되새김질하는 가축의 수가 크게 늘었기 때문이다. 즉, 육식 인구가 늘어난 것이 환경오염의 원인이 된 것이다. 이와 관련해 유럽에서는 '방귀세', '육류세'를 매겨야 한다는 주장이 나오고 있다. 최근 호주에서는 소 방귀와 트림의 메탄가스를 95%까지 줄일 수 있는 사료를 개발했다. 한국에서도 메탄가스를 줄일 수 있는 캡슐이 개발되었다. 그러나 무엇보다 중요한 것은 대체육 등의 소비를 통해 육류 소비를 점차 _____.

신문 읽고 | 주제 확인

◎ 기사의 빈칸을 채워 문장을 완성해 보세요.

그러나 무엇보다 중요한 것은 대체육 등의 소비를 통해 육류 소비를 점차

_____.

텍스트 | 구조화

◎ 기사의 주요 내용을 도형의 빈칸에 써서 텍스트를 구조화해 보세요.

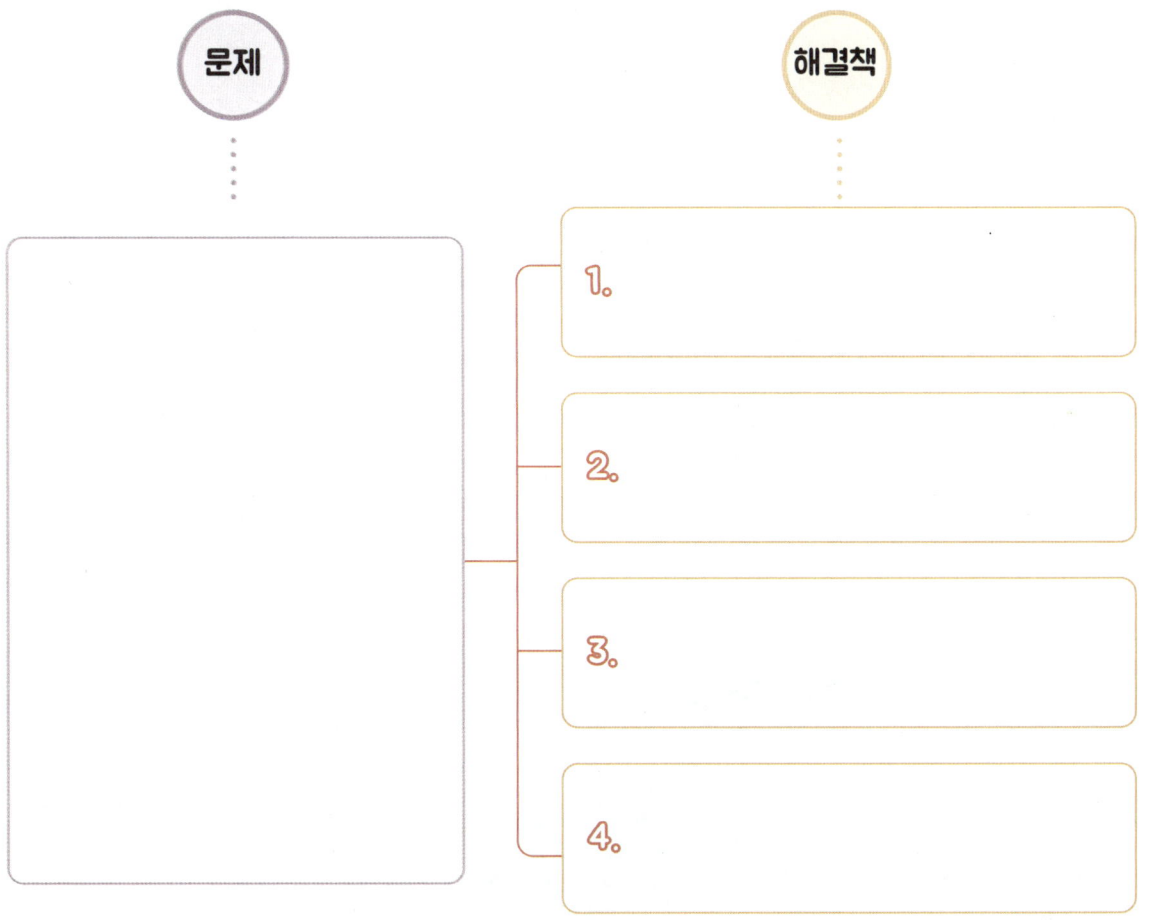

기사 속 표현 | 한 문장

◎ 다음 표현을 사용하여 문장을 만들어 보세요.

> 차지하다

차지하다:
일정한 공간이나
비율을 이루다

예) 이번 설문조사에서 반대 의견이 절반 이상을 **차지했다**.

생각 쓰기 | 글 한 편

◎ 고기를 먹는 것이 환경오염을 일으킨다는 사실을 알았어요. 아래 제시된 해결 방법 중 하나를 선택해 체크(∨) 하고, 그것과 관련한 구체적인 실천 방법을 메모해 보세요.

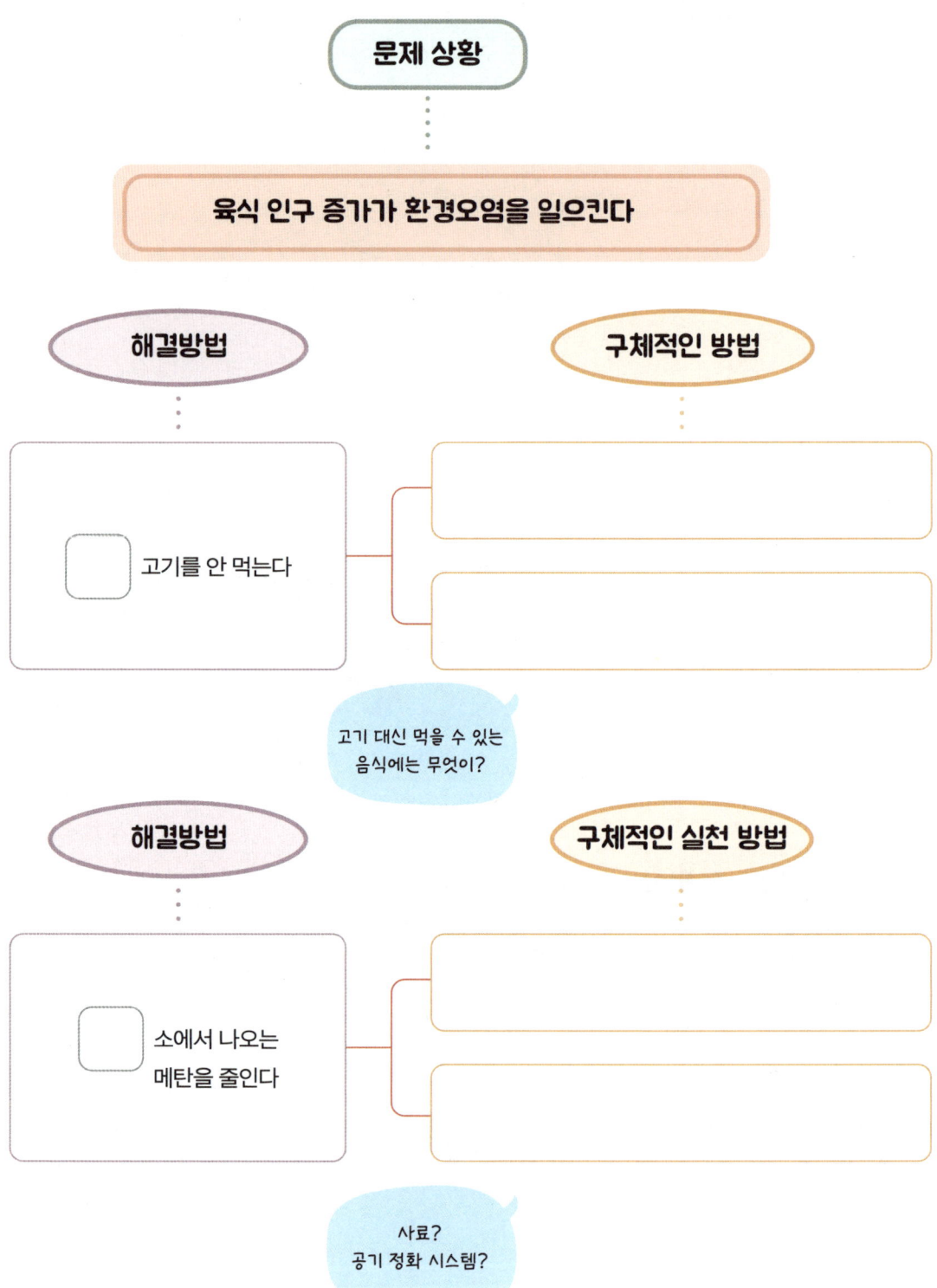

◎ 메모한 내용을 바탕으로 다음 제목의 글을 완성해 보세요.

소 방귀를 줄여라! 소에서 나오는 메탄가스를 줄일 수 있는 방법

소가 방귀를 뀔 때 내뿜는 메탄가스가 환경을 심하게 오염시킨다고 한다. 소의 방귀가 문제가 된 것은 육식 인구가 급격히 증가해 소와 같은 가축의 수가 크게 늘었기 때문이다. 이를 해결할 수 있는 방법에는 무엇이 있을까?

해결 방법과 이유 ▶ 내 생각에는, _____

_____

_____

_____

_____

실천할 수 있는 방법 ▶ _____

_____

_____

_____

_____

마무리 ▶ _____

_____

_____

총성 없는 종자 전쟁의 시작

쓰기 전 | 신문 읽기

야채와 과일의 씨앗 전쟁, 즉 종자 전쟁이 그 어느 때보다 치열하다. 종자 전쟁은 왜 하는 것일까?

우리가 지금 먹고 있는 과일과 채소의 씨앗은 대부분 일본과 네덜란드에서 사 오고 있다. 파프리카의 경우, 종자 1g에 12만 원 정도로 이는 금값의 5배 정도이다. 우리가 자주 먹는 감귤, 포도, 배, 양파, 토마토 등의 종자 역시 모두 비싼 값을 내고 해외에서 사 오고 있는데, 이들 씨앗을 살 때 드는 비용은 1년에 약 1,400억 원 정도다. 자기 나라 품종을 많이 가지고 있을수록 경제적인 이득을 볼 수 있기 때문에, 세계 각국은 _____ 에 상당한 노력을 기울이고 있다.

이에 반해 우리나라는 아직 종자 보존과 연구에 대한 투자가 미비한 상태이다. 전 세계가 각국의 종자를 지키려고 소리 없는 종자 전쟁을 치르는 지금, 품종이 멸종되지 않도록 보존하고 새로운 종자를 개발해 종자의 국산화 비율을 높이려고 노력해야 할 때이다.

신문 읽고 | 주제 확인

> 문맥을 논리적으로 파악하며 추측해 봐요.

◎ 기사의 빈칸을 채워 문장을 완성해 보세요.

자기 나라 품종을 많이 가지고 있을수록 경제적인 이득을 보기 때문에 세계 각국은

_____ 에 상당한 노력을 기울이고 있다.

텍스트 | 구조화

◎ 기사의 주요 내용을 도형의 빈칸에 써서 텍스트를 구조화해 보세요.

- 문제1
- 문제2
- 해결책
  1.
  2.

기사 속 표현 | 한 문장

◎ 다음 표현을 사용하여 문장을 만들어 보세요.

이에 반해

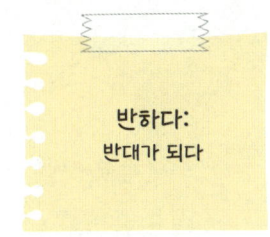

반하다: 반대가 되다

예) 경기가 나빠지면 대부분의 물건은 잘 팔리지 않는다. **이에 반해** 콜라는 경기 불황에도 잘 팔린다.

PART 4 문제와 해결

생각 쓰기 | 글 한 편

◎ 우리나라가 종자 전쟁에 대비하지 않는다면, 어떤 문제가 발생할 수 있을까요? 다음 질문에 대답하며 여러분의 생각을 끌어내 보세요.

◎ 여러분의 생각을 메모해 보세요.

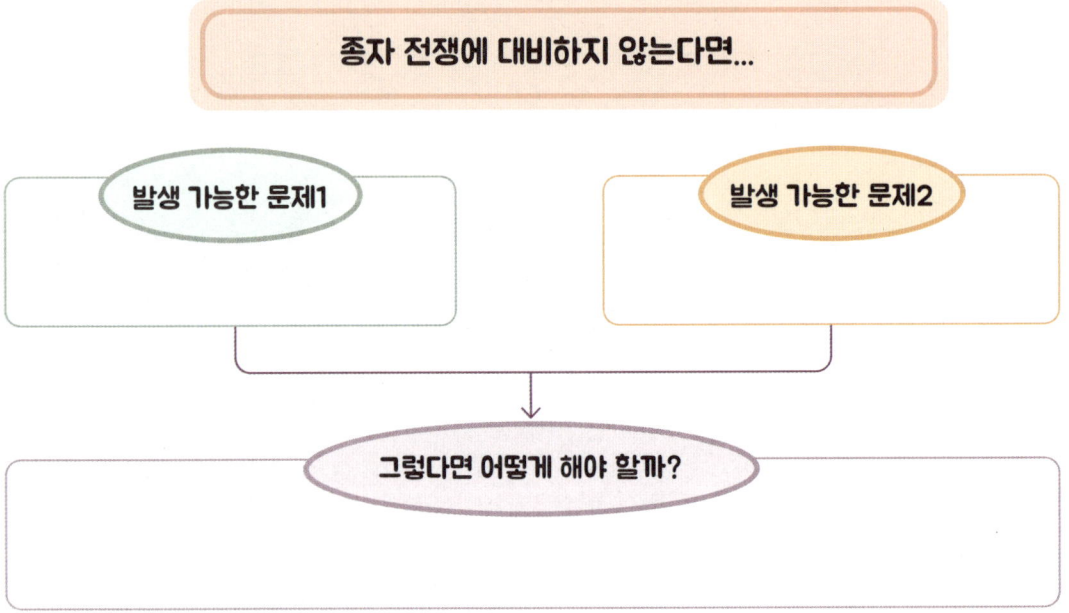

◎ 메모한 내용을 바탕으로 다음 제목의 글을 완성해 보세요.

　　세계 각국이 자국의 종자 보존과 새로운 종자 개발에 노력을 기울이는 종자 전쟁에 열을 올리고 있다. 이는 자기 나라 품종을 많이 가지고 있을수록 경제적인 이득을 볼 수 있기 때문이다. 이런 상황에 만약 우리나라가 종자 전쟁에 대비하지 않으면 어떤 문제가 생길 수 있을까?

발생 가능한
문제

해결 방법

이런 표현 써 보기

해결과 관련해 아래의 다양한 표현을 글에 써 보세요.

– 대책	– 마련하다	– 대응하다
– 대비책	– 대비하다	– 조처하다
– 조치	– 대처하다	

PART 4 문제와 해결

38. 마트 냉장고에 문을 달면 생기는 일

쓰기 전 | 신문 읽기

마트와 편의점에 있는 개방형 냉장고가 앞으로 점차 사라질 예정이다. 개방형 냉장고에 문을 다는 사업이 이제 곧 **본격적**으로 시작되기 때문이다.

개방형 냉장고는 문이 없는 냉장고로, 우유나 음료, 도시락 등을 살 때 곧바로 꺼낼 수 있어 소비자들에게 편의를 제공했다. 그러나 이는 냉장 식품 보관의 적정 온도인 10℃를 넘는 경우가 종종 발생해 음식이 부패될 위험이 있었다. 또한 개방형 냉장고는 냉기가 쉽게 유출되어 에너지 낭비의 주범으로 눈총을 받아 왔다.

지난해 식품 매장 22곳의 개방형 냉장고에 문을 달아 조사해 보니, 약 50%의 전력을 아낄 수 있는 것으로 나타났다. 전국의 마트 및 편의점에 설치된 50만여 대의 개방형 냉장고에 문을 달 경우, 1년간 61만 6,000가구가 1년 동안 쓰는 전력량에 해당하는 전기 에너지를 아낄 수 있어 에너지 절약 효과가 클 것으로 기대된다.

신문 읽고 | 주제 확인

◎ 다음 문장에 들어갈 단어들을 써 보세요.

음식 부패의 위험과 [ ]를 줄이기 위해 마트와 편의점의 개방형 냉장고에 [ ]는 사업을 시작할 예정이다.

텍스트 | 구조화

◎ 기사의 주요 내용을 도형의 빈칸에 써서 텍스트를 구조화해 보세요.

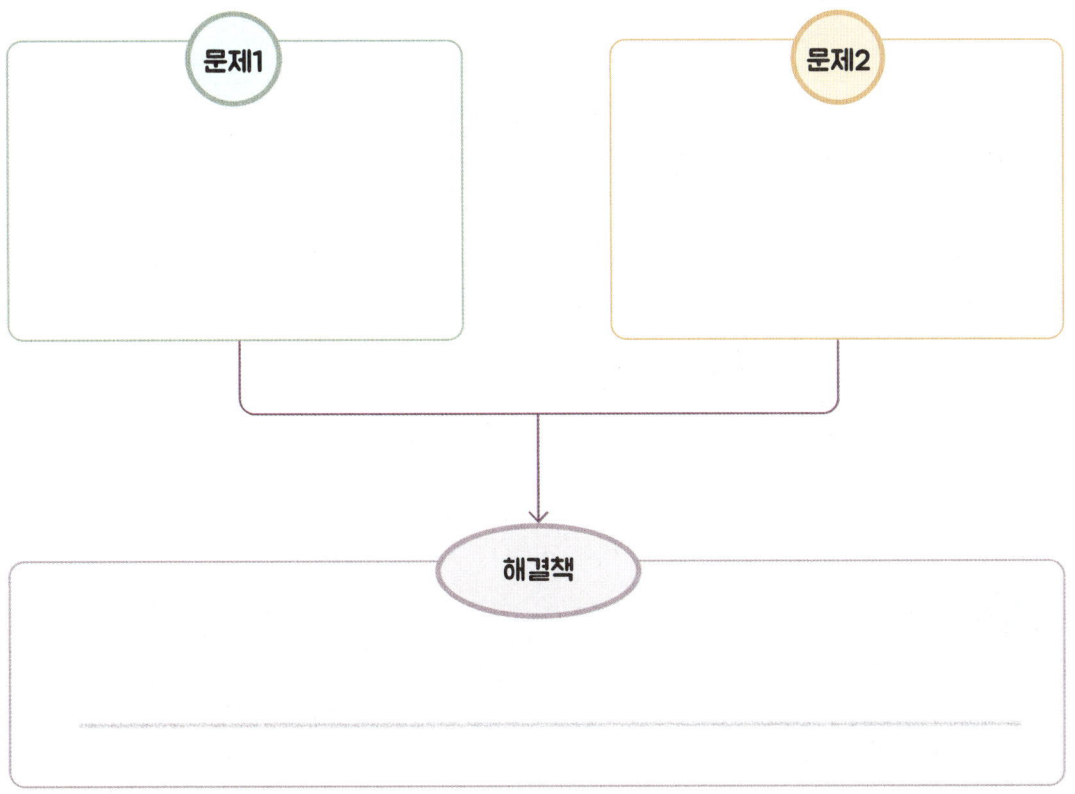

기사 속 표현 | 한 문장

◎ 다음 표현을 사용하여 문장을 만들어 보세요.

본격적

본격적:
제 궤도에 올라
제격에 맞게
적극적인 것

예) 8월이 되자 매미들은 **본격적**으로 떼를 지어 울기 시작했다.

PART 4 문제와 해결

생각 쓰기 | 글 한 편

◎ 여러분의 생활 속에서 에너지가 낭비되고 있다고 생각한 적이 있어요? 어떤 장면을 보고 그런 생각을 했어요? 그리고 그것의 에너지 낭비를 줄일 수 있는 방법에는 무엇이 있을까요? 예시를 보고 여러분의 생각을 끌어내 보세요.

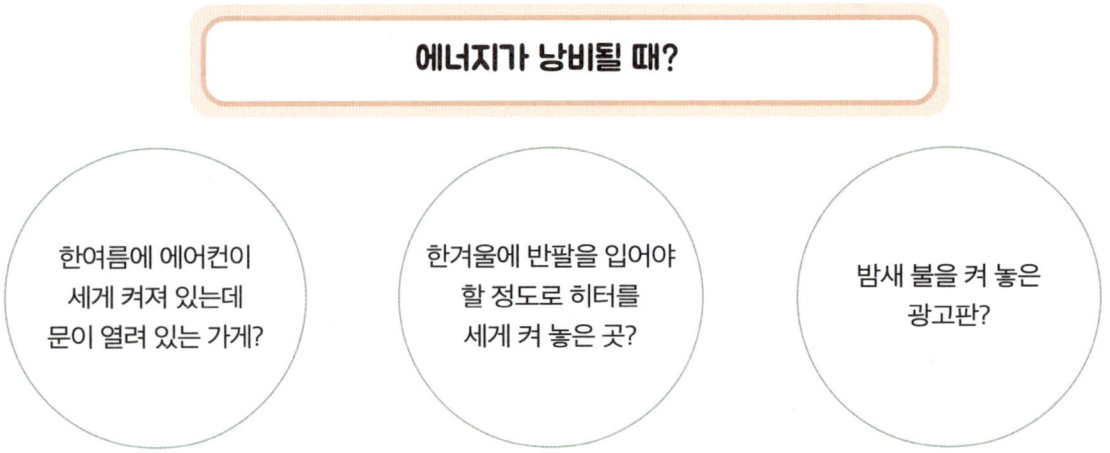

◎ 여러분의 생각을 메모해 보세요.

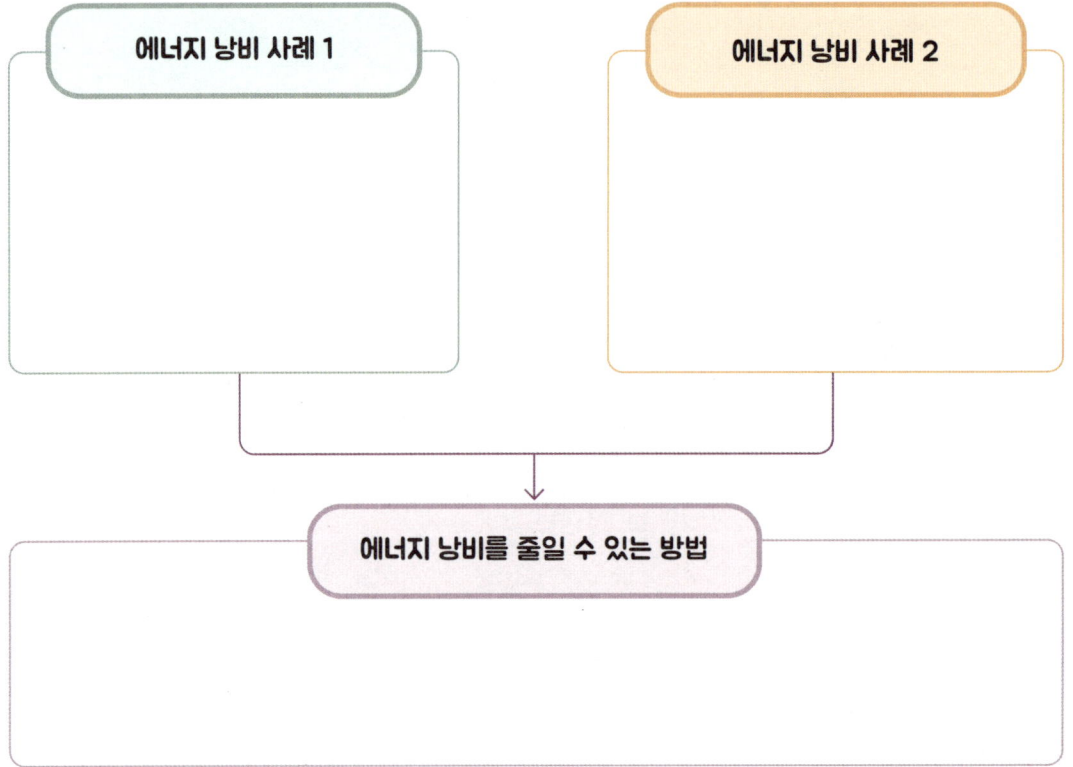

◎ 메모한 내용을 바탕으로 다음 제목의 글을 완성해 보세요.

줄줄 새는 에너지를 아끼기 위한 우리들의 노력

에너지 낭비
사례

에너지 절약
방법

마무리

하루 이틀 그다음은 삼일?

쓰기 전 | 신문 읽기

하루, 이틀 다음에 오는 말은 무엇일까? 삼일일까? 사흘일까? 뭐가 맞는지 헷갈리는 사람들이 점점 늘고 있다고 한다.

최근 순우리말인 '사흘'의 '사'를 4로 착각해 4일이라고 이해하는 사람들이 많다. '삼일'과 '사흘'은 똑같은 3일을 가리키는 말인데 그것을 잘못 쓰는 것이다. 이처럼 사람들의 어휘력이 점차 떨어지고 있다. 이를 증명이라도 하듯, 유튜브나 틱톡에 익숙한 10대들이 책이나 뉴스 기사를 읽기 힘들어한다는 소식이 여기저기에서 들려온다 '금일'은 '오늘'을 뜻하는 말인데 '금요일'로 이해하기도 하고, '무료하다'는 심심하다는 뜻인데 공짜라고 해석하기도 한다.

시대에 따라 언어는 변한다. 하지만 기본적인 고유어는 배우고 익히고 기억하려는 노력이 필요하다. 전문가들은 이를 위해서 독서를 통해 어휘력과 상식을 키울 필요가 있다고 한목소리로 말한다.

신문 읽고 | 주제 확인

◎ 다음 문장에 들어갈 단어들을 써 보세요.

사람들의 ☐☐☐☐☐ 이 점차 떨어지고 있다. 영상 시대이지만 기본적인 어휘는 알아 두어야 하며 이를 위해서는 ☐☐☐☐☐ 를 꾸준히 해야 한다.

텍스트 | 구조화

◎ 글의 구조를 한눈에 알아보기 쉽게 <u>도형으로 그려 보고</u>, 기사의 주요 내용을 도형에 써서 텍스트를 구조화해 보세요.

> 앞에서 연습한 텍스트 구조화 도형들을 참고해 직접 그려보세요.

기사 속 표현 | 한 문장

◎ 다음 표현을 사용하여 문장을 만들어 보세요.

이처럼

이처럼: 이와 같이

예) 그렇게 높은 건물이 **이처럼** 순식간에 무너질 줄은 아무도 상상조차 하지 못했다.

생각 쓰기 | 글 한 편

◎ 여러분의 어휘력은 어떤 편인 것 같아요? 아래 표에 체크하면서 여러분의 어휘력이 어떤지 생각을 끌어내 보세요.

나의 어휘력 체크리스트	그렇다	그렇지 않다
1. 책을 읽을 때 모르는 단어가 별로 나오지 않는다.		
2. 모르는 단어가 나와도 뜻을 쉽게 짐작할 수 있다.		
3. 글에서 잘못 사용된 어휘를 잘 찾아낼 수 있다.		
4. 말할 때나 쓸 때 어휘를 정확하게 사용한다.		
5. 말할 때나 쓸 때 다양한 어휘를 사용한다.		

◎ 위에서 체크한 내용을 바탕으로 어휘력이 좋은지 나쁜지 둘 중 하나를 선택해 여러분의 생각을 메모해 보세요.

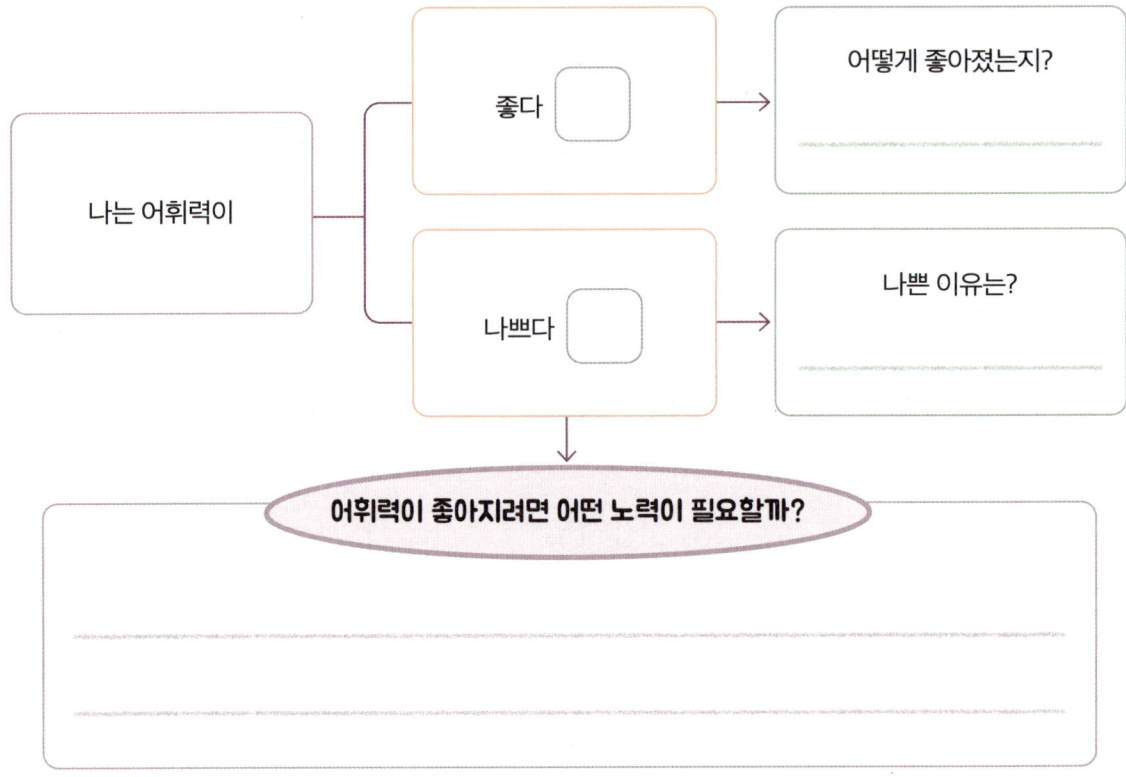

◎ 메모한 내용을 바탕으로 제목을 정하고, 어휘력에 대한 글을 완성해 보세요.

제목:

> 앞의 표에서 체크한 내용을 참고해서 써 보세요.

제목:

쓰기 전 | 신문 읽기

스마트폰을 보면서 걸어가는 사람들을 스몸비족이라 부른다. 스몸비족은 스마트폰과 좀비의 합성어로, 스마트폰을 보며 걷느라 걸음걸이가 좀비와 비슷하다는 데서 나온 말이다.

조사 결과, 전체 보행자 중 약 15%가 횡단보도를 건널 때 스마트폰을 사용하고 있는 것으로 나타났으며, 실제 이들의 교통사고 발생률이 크게 늘고 있다. 지하철에서도 열차와 승강장 사이에 발이 빠지는 사고가 일어나기도 한다.

스몸비족 보행자의 사고를 예방하기 위해 횡단보도 신호 대기선에 LED 바닥 신호등을 설치하기 시작했다. 또한 '스몸비' 학생들의 안전을 위해 스쿨존과 등하굣길 안에서는 전화 통화를 제외한 다른 앱 사용이 차단되는 기술도 개발되었다. 사고 예방을 위해 회사 내 보행 중 스마트폰 사용을 금지한 기업도 있다. 스마트폰을 과도하게 사용하면 신체와 정신 건강에 나쁜 영향을 미친다. 안전하고 건강한 생활을 위해 스마트폰 사용을 줄여나가려는 개인적인 노력이 무엇보다 필요하다.

신문 읽고 | 주제 확인

◎ 기사의 제목을 자유롭게 지어 보세요.

제목:

텍스트 | 구조화

◎ 글의 구조를 한눈에 알아보기 쉽게 도형으로 그려 보고, 기사의 주요 내용을 도형에 써서 텍스트를 구조화해 보세요.

기사 속 표현 | 한 문장

◎ 다음 표현을 사용하여 문장을 만들어 보세요.

~기 위해

위하다: 어떤 목적을 이루려고 하다

예) 민철이는 성적을 올리기 위해 밤낮으로 공부만 했다.

PART 4 문제와 해결

생각 쓰기 | 글 한 편

◎ 스마트폰을 과도하게 사용하는 것의 문제점에는 무엇이 있을까요? 다음 질문을 따라가며 여러분의 생각을 끌어내 보세요.

스마트폰 사용에 대해서

- 여러분은 스마트폰을 가지고 있어요?
- 스마트폰이 있다면 하루에 얼마나 사용해요?
- 숙제하는 중에 문자 메시지를 확인하거나 영상을 찾아볼 때가 있어요?
- 스마트폰을 보면서 길을 걸은 적이 있어요?
- 스마트폰을 과도하게 사용하면 어떤 문제가 생길까요?
- 스마트폰을 어떻게, 얼마나 사용하는 것이 좋을까요?
- 스마트폰을 과도하게 사용해서 발생하는 문제를 해결하기 위해서 어떻게 해야 할까요?

◎ 메모한 내용을 바탕으로 제목을 정하고 스마트폰 사용에 관한 글을 완성해 보세요.

 제목:

내가 쓴 글 검토해 보기

여러분의 글을 스스로 검토하면서 표정에 체크해 보세요.	😊	😐	😠
1. 글을 흥미롭게 시작했다			
2. 글을 뒷받침하는 예시나 근거를 충분히 썼다			
3. 글을 마무리하는 문장을 썼다			
4. 다양한 표현을 쓰려고 노력했다			
5. 앞뒤 문장의 내용이 자연스럽게 연결됐다			

정답 & 해설

01 삐뚤빼뚤 지렁이 글씨 납시오 (p. 18~21)

신문 읽고 주제 확인
⇨ 악필, 늘다, 교정하다, 손글씨

해설 디지털 시대에 학생들의 악필이 늘면서 이를 교정해야 한다는 사람들도 있고 손글씨 연습은 필요 없다는 사람들도 있다

텍스트 구조화

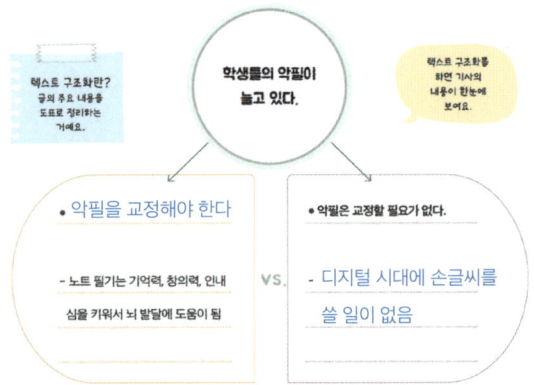

기사 속 표현 한 문장
⇨ 준영이는 책을 좋아해서 심지어 밤을 새워가며 읽기도 한다.

생각 쓰기 글 한 편
의견 (1) 나는 악필을 고치는 게 좋다고 생각한다.
뒷받침 근거 ・다른 사람이 알아볼 수 있어야 함
・반듯한 글씨를 보면 기분이 좋아짐

요즘 글씨를 지렁이가 기어가듯 쓰는 학생들이 늘고 있다고 한다. 디지털 시대에 악필은 반드시 고쳐야 할까? 이에 대해 나는 악필은 고치는게 좋다고 생각한다. 그것에 대한 근거는 다음과 같다.

먼저, 다른 사람들이 내 글씨를 알아볼 수 있어야 하기 때문이다. 예를 들어 시험에서 선생님이 학생의 글씨를 알아보지 못하면 틀렸다고 채점하실 수 있다. 예전에 나도 지렁이 글씨로 답을 썼다가 오답으로 오해를 받은 적이 있다. 그때 글씨를 알아볼 수 있게 쓰는 것이 무엇보다 중요하다고 느꼈다.

다음으로, 반듯한 글씨를 보면 기분이 좋아진다. 글씨를 또박또박 잘 쓰는 친구가 있는데, 그 친구 글씨를 보면 내 마음도 덩달아 반듯해지는 것 같다. 글씨를 곧게 쓰면 마음까지 깨끗해지는 느낌이 들어, 나도 저런 글씨로 글을 써야겠다는 생각을 종종 한다.

따라서 악필은 다른 사람을 위해서도 나를 위해서도 고치는 게 좋겠다. 나도 글씨를 반듯하게 쓰기 위해 꾸준히 노력해야 겠다.

의견 (2) 나는 악필을 고칠 필요가 없다고 생각한다.
뒷받침 근거 ・반듯한 글씨보다 글의 내용이 더 중요함
・디지털 시대이므로 손글씨 쓸 일이 줄어듦

요즘 글씨를 지렁이가 기어가듯 쓰는 학생들이 늘고 있다고 한다. 디지털 시대에 악필은 반드시 고쳐야 할까? 이에 대해 나는 악필은 굳이 고칠 필요가 없다고 생각한다. 그것에 대한 근거는 다음과 같다.

먼저, 반듯한 글씨보다 글에 어떤 내용이 들어가 있는지가 더 중요하기 때문이다. 내 친구는 글씨는 삐뚤빼뚤하지만 글 내용이 아주 훌륭해서 선생님께 칭찬을 자주 받는다. 반면에 내 동생은 또박또박 반듯하게 글씨를 쓰지만, 자기 생각을 한 줄도 제대로 쓰지 못해 부모님이 늘 걱정하신다.

다음으로, 이제 손글씨를 쓸 일이 점점 사라진다는 점을 근거로 들 수 있다. 우리가 살아가는 디지털 시대에는 손글씨를 쓰는 것보다 키보드 타자를 치는 일이 훨씬 더 많다. 악필을 고치려고 노력하기보다는 타자를 빠르게 치기 위한 연습을 하는 것이 더 현명한 방법일지도 모른다.

따라서 악필은 고치지 않아도 된다고 생각한다. 손글씨를 예쁘게 쓰는 것보다, 좋은 내용의 글을 쓰고 타자를 빠르고 정확하게 칠 줄 아는 것이 더 중요하다.

02 아마존 열대 우림을 위한 에콰도르 국민들의 한 표에 박수를! (p. 22~25)

신문 읽고 주제 확인
⇨ 아마존 열대 우림, 석유 개발 사업, 찬성표

텍스트 구조화

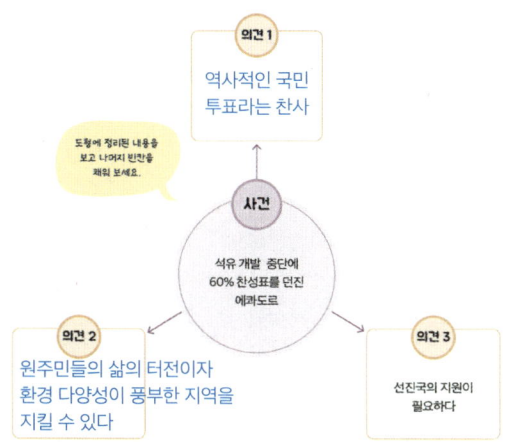

도형에 정리된 내용을 보고 나머지 빈칸을 채워 보세요.

기사 속 표현 한 문장
⇨ 지아 언니는 학교 선배이자 사촌이기도 하다.

생각 쓰기 글 한 편
1. 찬성 √

　찬성 이유　· 아마존의 환경오염을 막아야 함
　　　　　　· 원주민들의 삶의 터전을 지켜야 함

> 얼마 전 에콰도르에서 아마존 열대 우림의 석유 개발 사업 중단에 대한 찬반 국민 투표가 열렸다. 그 결과 약 60%의 국민이 석유 개발 사업 중단에 찬성표를 던졌다.
> 　내가 에콰도르 국민이었다면 어떤 투표를 했을까? 나라면 찬성표/반대표를 던졌을 것이다. 내가 찬성표/반대표를 던진 이유는 아마존 열대 우림의 환경오염을 막아야 하기 때문이다. 석유 개발로 인해 아마존 열대 우림이 하루가 다르게 병들어 가고 있다. 아마존의 환경오염이 심해지면 지구 전체의 환경에도 악영향을 미칠 수 있다.
> 　또 다음과 같은 이유도 내 선택에 영향을 미쳤다. 아마존 원주민들의 삶의 터전을 지켜야 하기 때문이다. 원주민들은 아마존에서 계속 살아갈 권리가 있는데, 석유 개발을 이유로 그들의 삶의 터전을 파괴해서는 안 된다.
> 　나는 60%의 에콰도르 국민들과 같은 선택을 했다. 경제적 이득을 포기하면서도 열대 우림과 원주민들의 삶을 지키기 위해 석유 사업 중단에 찬성표를 던진 에콰도르 국민들의 용감한 선택에 박수를 보낸다.

2. 반대 √

　반대 이유　· 에콰도르 사람들이 더 가난해짐
　　　　　　· 아마존의 석유 자원을 포기해야 함

> 얼마 전 에콰도르에서 아마존 열대 우림의 석유 개발 사업 중단에 대한 찬반 국민 투표가 열렸다. 그 결과 약 60%의 국민이 석유 개발 사업 중단에 찬성표를 던졌다.
> 　내가 에콰도르 국민이었다면 어떤 투표를 했을까? 나라면 찬성표/반대표를 던졌을 것이다. 내가 찬성표/반대표를 던진 이유는 에콰도르 사람들이 더욱 가난해질 것이기 때문이다. 에콰도르 국민 4명 중 한 명은 이미 빈곤에 시달리고 있다고 한다. 그런데 석유 개발이 중단되면 일자리가 줄어 더 많은 사람들이 경제적인 어려움을 겪을 것이다.
> 　또 다음과 같은 이유도 내 선택에 영향을 미쳤다. 석유 개발이 중단되면 아마존의 석유 자원을 포기해야 하기 때문이다. 아마존에는 풍부한 석유 자원이 잠들어 있는데 이를 포기한다면 에콰도르뿐만 아니라 전 세계적으로 경제적인 손해가 막대할 것이다.
> 　나는 대다수의 에콰도르 사람들과는 다른 선택을 했다. 하지만 환경 보호를 위한 에콰도르 국민들의 용기 있는 선택을 이해하고 존중한다.

03 | 어서 오세요. 여기는 사람 없는 맥도날드입니다 (p. 26~29)

신문 읽고 주제 확인
주문을 받는 / 사람이 하는

텍스트 구조화

현상: 키오스크와 드라이브스루 이용이 늘어가고 있다.

의견 1: 긍정적인 측면 — 빠르고 간편하게 서비스를 이용하게 되어 편리함

의견 2: 부정적인 측면 — 일자리가 줄어드는 문제

기사 속 표현 한 문장
⇨ 남산 서울 N타워는 서울의 대표적인 관광 명소이다.

생각 쓰기 글 한 편

의견 1 : 키오스크는 편리하다 √

이유 : ① 쉽고 간편하게 주문할 수 있음
② 주문할 때 기다리는 시간이 줄어듦
③ 점원이 주문을 잘못 들을 일이 사라짐

> 얼마 전에 분식집에서 키오스크를 사용해 본 적이 있다. 그때 나는 키오스크가 (편리하다)고/불편하다고 느꼈다. 먼저, 키오스크로 쉽고 간편하게 주문을 할 수 있기 때문이다. 키오스크로 주문을 하면 화면의 안내대로 차례차례 화면을 터치하기만 하면 된다. 다음으로, 앞 사람 주문이 끝나기를 기다리는 시간이 줄어든다. 분식집에서는 키오스크가 두세 대 있어서 대기 줄이 길어지지 않아 빠르게 주문을 할 수 있었다. 마지막으로, 점원이 주문을 잘못 들을 일이 사라진다. 내가 직접 메뉴를 고르기 때문에 점원의 실수로 원하지 않은 메뉴를 받는 일이 발생하지 않는다.
>
> 그래서 나는 키오스크가 다른 가게에도 많이 생긴다면 더욱 빠르고 간편하게 서비스를 이용할 수 있을 것이라고 생각한다.

의견 2 : 키오스크는 불편하다 √

이유 : ① 스크롤하면서 메뉴를 찾기 어려움
② 키오스크가 제대로 작동하지 않을 때가 많음
③ 가게마다 사용 방식이 달라 쓰기 어려움

> 얼마 전에 분식집에서 키오스크를 사용해 본 적이 있다. 그때 나는 키오스크가 편리하다고/(불편하다)고 느꼈다. 먼저, 스크롤하면서 메뉴를 찾기 어려웠기 때문이다. 메뉴가 한눈에 들어오지 않아 여러 메뉴 중에서 내가 원하는 것을 고르기가 힘들었다. 다음으로, 키오스크가 제대로 작동하지 않아서 불편했다. 분식집에서 주문을 마치고 계산하려는데 갑자기 화면이 멈춰버리는 오류가 나서 당황스러웠다. 또 가게마다 키오스크를 사용하는 방식이 조금씩 다 다르다. 사용 방식이 다르면 어떻게 사용해야 할지 몰라 허둥대는데, 그럴 때마다 키오스크가 불편하다고 느낀다.
>
> 그래서 나는 키오스크가 여기저기 많이 생기지 않았으면 좋겠다. 점원에게 직접 주문을 하는 것이 더 편리하다고 생각한다.

04 얼룩말 세로야, 미안해 (p. 30~33)

신문 읽고 주제 확인

동물원 탈출, 희생

텍스트 구조화

기사 속 표현 한 문장

⇨ 문제의 근본적인 원인을 알아야 해결책을 내놓을 수 있다.

생각 쓰기 글 한 편

의견 1 나는 동물원이 필요하다고 생각한다.
뒷받침 근거 1. 동물들이 편안하게 생활할 수 있음
2. 멸종 위기종을 보호할 수 있음

> 얼마 전, 서울대공원에서 살던 얼룩말 세로가 탈출하는 소동이 벌어졌다. 이 소동으로 동물원에서 살아가는 동물들의 삶에 대해 다시 한번 생각해 봐야 한다는 목소리가 높아졌다. 동물원은 동물들에게 정말 안전하고 편안한 곳일까?
>
> 나는 동물원이 필요하다고 생각한다. 이에 대한 근거는 다음과 같다. 먼저, 동물들이 동물원에서 편안하게 생활할 수 있기 때문이다. 야생의 동물들은 치열한 경쟁 속에서 당장의 먹이를 걱정하며 살아간다. 하지만 동물원에 사는 동물들은 그럴 필요 없이 풍부한 먹이와 안락한 안식처를 제공받을 수 있다.
>
> 다음으로 동물원이 멸종 위기종을 보호하는 역할을 할 수 있기 때문이다. 야생에서 삶의 터전을 잃고 멸종 위기에 처한 동물들이 동물원에서 전문적인 관리와 보호를 받을 수 있다.
>
> 동물원은 동물들의 또 다른 삶의 터전이므로 계속 유지되어야 한다. 다만, 동물들이 스트레스를 받지 않고 안전하게 살아

갈 수 있도록 동물원 시설을 체계적으로 관리하고 동물 복지를 위해 최선을 다해야 할 것이다.

의견 2 나는 동물원이 필요하지 않다고 생각한다.
뒷받침 근거 1. 동물들이 스트레스를 받음
2. 자유롭게 살 동물들의 권리를 침해함

얼마 전, 서울대공원에서 살던 얼룩말 세로가 탈출하는 소동이 벌어졌다. 이 소동으로 동물원에서 살아가는 동물들의 삶에 대해 다시 한번 생각해 봐야 한다는 목소리가 높아졌다. 동물원은 동물들에게 정말 안전하고 편안한 곳일까?

나는 동물원이 없어져야 한다고 생각한다. 이에 대한 근거는 다음과 같다. 먼저, 동물원에서 지내는 동물들이 스트레스를 받기 때문이다. 동물들은 드넓은 자연에서 본능에 따라 살아야 한다. 그런데 동물원의 비좁은 우리에 동물들을 가둬 두면 동물들은 어마어마한 스트레스를 받는다. 그래서 세로처럼 동물원을 탈출하는 등의 이상 행동을 벌이게 된다.

다음으로 동물원이 동물들이 자유롭게 살아갈 권리를 침해하기 때문이다. 동물들은 전시의 대상이 아닌, 존중받아야 할 생명체이다. 그러나 동물원의 동물들은 사람들에게 즐거움을 주기 위해 동물원에 갇혀 구경거리가 되고 만다.

동물원에서 유리에 계속 머리를 박는 사자를 본 적이 있다. 그런데 사람들은 그 장면을 보고 신기하다며 웃고 있었다. 이런 광경이 과연 옳은 일일지 우리는 다시 생각해 봐야 한다.

05 그들은 햄버거를 두고 거짓말을 했을까, 안 했을까 (p. 34~37)

신문 읽고 주제 확인
⇨버거킹, 소송, 햄버거, 소비자, 과대광고, 반박하다
해설 소비자들은 햄버거 광고가 과대광고라며 버거킹을 상대로 소송을 제기했지만, 버거킹 측은 이를 반박했다.

텍스트 구조화

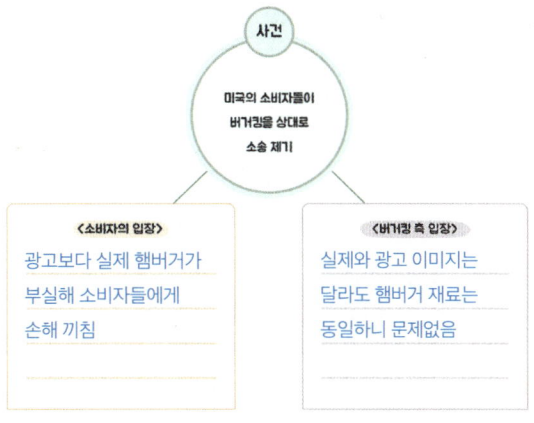

기사 속 표현 한 문장
⇨이번 야구 경기에서 어느 팀이 이길지 귀추가 주목된다.

생각 쓰기 글 한 편
있다 √
언제 : 여름방학
무엇을 : 슬라임
어떻게 달라? : 바닥 풍선이 안 됨
그때 든 생각 : 속았다는 생각이 듦

제목 : 광고만 보고 물건을 샀다가는...

광고만 보고 물건을 샀다가 실망한 경험이 있다. 바로 지난 여름방학에 있었던 일이다. 우연히 슬라임 영상을 보게 됐는데, 나도 그 영상에서처럼 슬라임을 자유자재로 만져보고 싶어졌다. 그래서 나는 그동안 모아둔 용돈으로 슬라임을 사기로 결정했다.

어떤 슬라임을 살까 고민하던 중, 그때 바풍이 잘 된다는 슬라임 광고가 눈에 들어왔다. 바풍은 슬라임으로 바닥에 풍선을 만드는 기술인데, 그 광고에서는 슬라임으로 아주 큰 바풍을 만들 수 있다고 했다. 나도 바풍을 만들어 보고 싶었기에, 그 슬라임을 고민 없이 바로 샀다.

기다리던 슬라임이 집에 도착했다. 그런데 실제로 해 보니 바풍은 전혀 되지 않았다. 영상에서 알려준 대로 해봤지만, 아무리 해도 슬라임은 축 늘어져 있기만 했다.

그때 나는 내가 본 광고가 과대광고였음을 깨달았다. 광고만 보고 슬라임을 산 것이 굉장히 후회됐다. 앞으로는 주변에서 직접 해 본 경험을 들어 보거나, 다른 슬라임과 꼼꼼히 비교해본 후 사야겠다. 광고만 보고 물건을 섣불리 사지 않을 것이다.

없다 √
과대광고란? : 실제와 다른 광고
과대광고를 하는 이유 : 근사한 이미지로 알리기 위해
문제점 : ①기대와 다른 물건을 사게 됨
　　　　②다른 광고들도 믿기 어려워짐
나의 생각 : 금지해야 함

> 제목 : 과대광고를 하는 이유와 그 문제점에 대하여
>
> 　과대광고란 실제 물건보다 더 좋은 것처럼 과장하여 광고하는 것을 말한다. 햄버거 광고가 그 대표적인 예인데, 광고에서는 햄버거의 내용물이 흘러넘칠 정도로 많지만 실제 햄버거는 형편없는 것이 바로 그것이다.
>
> 　과대광고를 하는 이유는 실제보다 더 근사한 이미지로 꾸며 사람들이 제품을 많이 사도록 하기 위해서다. 이러한 과대광고의 첫 번째 문제점은 소비자가 광고를 보고 기대한 것에 한참 못 미치는 물건을 사게 된다는 점이다. 물건을 구입한 후, 물건의 기능이나 상태가 광고와 다르다는 것을 발견하고 항의해도 보상을 받기는 어렵다. 두 번째 문제점은 소비자가 다른 광고도 믿을 수 없게 된다는 점이다. 과대광고의 피해를 입은 소비자는 다른 물건의 광고도 과대광고가 아닐까 의심부터 하게 된다. 이렇게 된다면 거짓 없이 광고하는 회사들이 손해를 본다.
>
> 　따라서 과대광고는 금지해야 한다. 광고를 할 때는 실제와 가장 가까운 이미지를 사용하도록 하고, 만약 실제와 달리 내용을 부풀려 광고했다면 엄격하게 처벌해야 한다.

06 다시 태어난 찰리와 초콜릿 공장 (p. 38~41)

신문 읽고 주제 확인
차별과 혐오, 편견 없는 어휘

텍스트 구조화

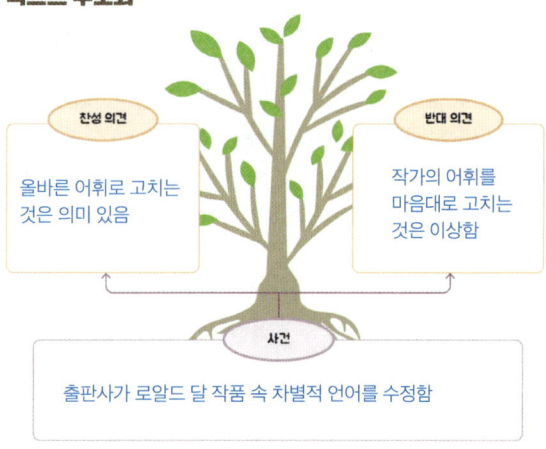

출판사가 로알드 달 작품 속 차별적 언어를 수정함

기사 속 표현 한 문장
⇨ 줄넘기를 잘하기 위해서는 지속적으로 연습해야 한다.

생각 쓰기 글 한 편
찬성 의견 : 수정해야 함 √
2. 사회적 변화에 따라 올바른 표현을 써야 하기 때문에

> 　로알드 달 작품 속에 나오는 차별적인 표현을 출판사가 올바른 표현으로 수정한 것에 대해 찬반 의견이 팽팽하게 맞서고 있다. 나는 이에 대해 작품 속에 차별과 편견이 섞인 표현이 나오면 그 표현을 수정해야 한다고/나와도 수정하면 안 된다고 생각한다.
>
> 　먼저, 아이들이 나쁜 말을 배우면 안 되기 때문이다. 아이들은 책에 있는 말을 있는 그대로 받아들인다. 아이들이 책에서 바른말, 올바른 표현을 배워나갈 수 있도록 작품 속 차별적인 표현은 수정해야 한다.
>
> 　다음으로, 사회적 변화에 따라 올바른 표현을 쓰려고 노력해야 하기 때문이다. 약자에 대한 편견이 드러나는 표현을 쓰지 말자는 사회 운동이 벌어지는 요즘, 굳이 예전에 썼던 차별적인 표현을 계속 유지할 필요가 없다. 사회가 변화하면 표현도 달라져야 한다. 따라서 사회가 요구하는 올바른 표현으로 수정하는 것이 합당하다.
>
> 　차별적인 표현으로 누군가가 불편함을 느껴서는 안 된다. 문학 작품은 이러한 표현을 아이들이 학습할 수도 있다는 점에서 특히 조심해야 한다. 따라서 문학 작품 속 차별적인 표현은 수정해야 한다.

반대 의견 : 수정하지 말아야 함 √
2. 작가의 허락 없이 작품을 마음대로 고치면 안 되므로

로알드 달 작품 속에 나오는 차별적인 표현을 출판사가 올바른 표현으로 수정한 것에 대해 찬반 의견이 팽팽하게 맞서고 있다. 나는 이에 대해 작품 속에 차별과 편견이 섞인 표현이 나오면 그 표현을 수정해야 한다고/나와도 수정하면 안 된다고 생각한다.

먼저, 작가가 쓴 표현은 내용과 관련해 이유가 있기 때문이다. 표현이 바뀌면 작품의 전체적인 내용 자체가 완전히 뒤바뀌어 버릴 수 있다.

다음으로, 작가의 허락 없이 작품을 마음대로 고치면 안 되기 때문이다. 문학은 작가의 의도가 담겨 있는 완성된 작품이다. 그런데 작품을 후대의 출판사가 마음대로 고친다면 의도가 왜곡되고 작품성이 훼손될 수 있다.

과거의 작가가 문학 작품에 쓴 표현이 지금 시점에서 바라봤을 때 편견과 차별을 담고 있을지도 모른다. 하지만 표현을 바꾼다면 작품의 내용과 작가의 의도를 해칠 수 있다. 따라서 문학적 표현은 작가가 아닌 다른 사람이 함부로 수정해서는 안 된다.

생각 쓰기 글 한 편
의견 1 : 학교가 사라짐
의견 2 : 경제가 무너짐
의견 3 : 나라가 사라짐

아이들이 태어나지 않는 나라에는 무슨 일이 벌어질까?

먼저, 학교가 사라질 것이다. 학교는 아이들이 공부하는 장소이다. 그런데 아이들의 수가 줄어들고 있으니, 학교가 사라지는 것은 당연한 결과이다. 이미 지방에서는 아이들이 없어 폐교된 학교가 점점 늘고 있다.

다음으로, 경제가 무너진다. 아이들이 태어나지 않으면 일을 할 수 있는 젊은 사람의 수가 줄어들고, 반대로 노인들의 비율이 높아진다. 일하는 사람은 줄어 경제는 활기를 잃는 동시에, 노인 부양에 비용이 많이 발생해 경제에 큰 타격이 생길 것이다.

태어나는 아이들이 없으면 결국 나라가 사라질지도 모른다. 아이들이 계속 태어나야 인구수가 유지되고, 일정 수준의 인구수가 계속되어야, 나라가 지속될 수 있다. 하지만 나라의 미래를 지탱할 아이들이 사라지면 나라가 의미를 잃고 훗날에는 국가가 완전히 사라질지도 모른다.

따라서 우리는 인구가 줄어드는 현상에 대해 실질적인 해결책을 다양한 방면에서 적극적으로 찾아 나서야 한다. 인구 절벽은 이제 더 이상 남의 나라 이야기가 아니기 때문이다.

07 아이들이 태어나지 않는 나라, 벼랑 끝의 한국 (p. 42~45)

신문 읽고 주제 확인
감소, 인구 절벽

텍스트 구조화

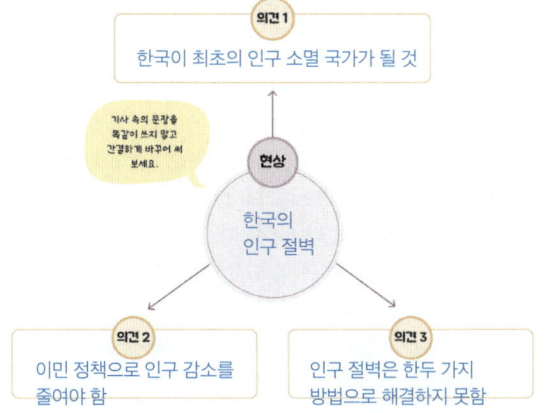

기사 속 표현 한 문장
⇨ 지금까지의 추세를 보면 집값은 앞으로 더 오를 것이다.

08 제목: (p. 46~49)

신문 읽고 주제 확인
-SK브로드밴드와 넷플릭스의 싸움, 누가 이길까?
-SK브로드밴드와 넷플릭스, 그들의 싸움이 시작됐다
-돈을 내야 할까, 안 내도 될까?

텍스트 구조화

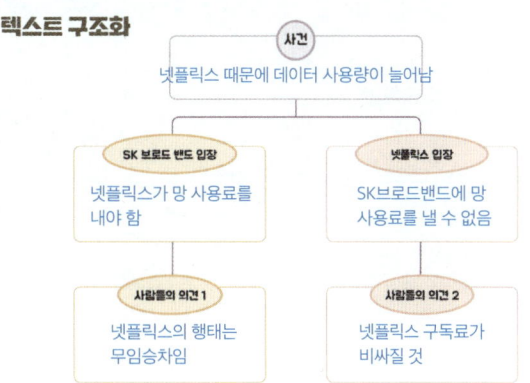

기사 속 표현 한 문장
⇨ 진하는 선생님의 조언을 듣고 자신의 글을 대폭 고쳤다.

생각 쓰기 글 한 편
누가: 유민이
언제: 지난달 과학 모둠 활동 시간에
어디서: 교실에서
무엇을: 사막에 사는 동물들을 조사해서 발표해야 하는데 유민이는 아무것도 하지 않음
그런데 열심히 준비한 모둠 친구들과 같은 점수를 받음
나의 생각: 무임승차는 불공평한 행동

지난달 과학 시간에 있었던 일이다. 선생님은 사막에 사는 동물들을 모둠 친구들과 함께 조사하고 정리해서 발표하는 과제를 내주셨다. 우리는 선생님 말씀대로 성실하게 자료 조사를 하기 시작했다. 그런데 조원 중 유민이는 우리가 자료를 모으는 동안 계속 딴짓을 하고 놀기만 했다. 방과 후에 조원들이 모두 남아 함께 준비를 할 때도 유민이는 먼저 집으로 가버렸다.
다음날, 과학 수업 시간에 우리 모둠은 준비한 내용을 발표했다. 선생님은 유민이가 활동에 참여하지 않은 사실을 모르신 채, 팀원 모두 아주 열심히 준비했다면서 칭찬을 하셨다. 유민이는 실제로 아무것도 하지 않았지만, 열심히 준비한 다른 조원들과 같은 점수를 받았다.
유민이의 이와 같은 행동은 무임승차이다. 무임승차는 매우 얌체 같은 행동이라고 생각한다. 모둠 활동을 할 때는 친구들이 모두 양심에 따라 활동에 열심히 참여했으면 좋겠다. 나 역시도 앞으로 무임승차를 하지 않도록 모둠 활동을 할 때는 맡은 역할을 적극적으로 할 것이다.

09 ○○들은 들어올 수 없는 이곳은 노○○존
(p. 50~53)

신문 읽고 주제 확인
· 어쩔 수 없다는 입장이다.
· 노키즈존을 선택할 수밖에 없다는 입장이다

텍스트 구조화

기사 속 표현 한 문장
⇨ 이제는 심각해진 기후 위기에 대한 진지한 논의가 필요한 때이다.

생각 쓰기 글 한 편
찬성√
· 가게 영업의 자유

> 제목 : 그들이 노키즈존을 내건 이유
>
> 노키즈존 가게가 늘어가면서, 노키즈존에 대한 찬반 논쟁이 치열하다. 노키즈존은 정말 필요한 것일까? 나는 다음과 같은 근거를 바탕으로 노키즈존은 필요하다고 생각한다.
> 첫째, 조용하게 식사하고 싶은 손님의 권리는 존중받아야 한다. 특정 손님만 가게에 출입하지 못하게 막는 것은 차별일 수 있다. 그러나 아이들이 떠들며 뛰어다니면 조용히 식사하고 싶은 손님들이 피해를 본다. 또 점원이 아이들을 제지시키느라 다른 손님들이 필요로 하는 서비스를 제때 제공하지 못할 수도 있다.
> 둘째, 가게 주인에게는 영업의 자유가 있다. 가게를 어떻게 운영할지는 주인의 생각에 따라 마음껏 선택할 수 있다. 가게 주인이 원한다면, 아이들 때문에 가게의 물건이 부서지거나 가게의 전체적인 분위기가 나빠지는 것을 방지하기 위해 얼마든지 노키즈존을 내걸 수 있다.
> 위와 같은 이유로 나는 노키즈존에 찬성한다. 아이들로 인해서 가게와 다른 손님들이 피해를 보는 일이 있어서는 안 되며, 가게 주인의 영업의 자유는 충분히 보장받아야 한다.

반대√
· 차별의 대상이 확대될 우려

제목 : 노키즈존, 우리는 무엇을 잃게 될까?

얼마 전 가족들과 제주도에 여행을 갔다. 우리는 그곳에서 맛있기로 유명한 맛집을 찾아갔지만, 그 식당에 우리 가족은 들어갈 수가 없었다. 그곳은 노키즈존 식당이었던 것이다. 어린이가 있으면 들어갈 수 없는 노키즈존. 나와 내 동생은 무슨 잘못을 해서 그 식당에 출입조차 할 수 없었던 것일까?

최근 노키즈존을 내건 가게가 늘어나고 있는 현상은 문제라고 생각한다. 물론 조용하게 식사하고 싶은 사람들의 권리를 보장하는 것도 중요하다. 그러나 소란을 피우는 몇몇 아이들 때문에 모든 아이들의 출입을 금지하는 것이 과연 옳은 일일까? 아이들이라고 해서 모두가 다 소리를 지르거나 뛰어다니지 않는다. 식당이 시끄러운 이유가 항상 아이들 때문이 아님에도 불구하고 어린이라는 이유로 가게 출입을 금지하는 것은 차별 행위이다. 또, 차별의 대상이 점차 확대될 수 있다는 점에도 관심을 가져야 한다. 최근에는 노키즈존에서 시작해 노중년촌, 노유스존과 같은 사례도 늘어나고 있다고 한다. 이로 인해 세대 간 갈등이 심해져 서로가 서로를 차별하는 사회가 될 수도 있다.

노키즈존은 특정한 나이에 속했다는 이유만으로 사람들을 차별하는 행위이다. 이것이 계속된다면, 우리는 서로를 미워하고 무시하며 인정하지 않게 될 것이다. 정말로 필요한 것은 누군가를 제외하는 것이 아닌, 서로를 배려하는 자세가 아닐까?

10 오염수가 흘러가도 바다는 아파하지 않을까
(p. 54~57)

신문 읽고 주제 확인

⇨오염수, 안전하다, 방류, 반대하다, 일본

[해설] 일본의 오염수 방류에 대해 일본 정부는 안전하다고 하지만, 오염수 방류에 반대하는 목소리도 크다.

텍스트 구조화

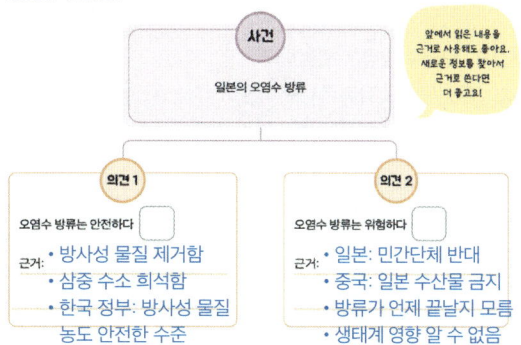

기사 속 표현 한 문장

⇨언제나 상대방의 입장을 고려하며 말해야 한다.

생각 쓰기 글 한 편

의견 1 : 오염수 방류는 안전하다√
근거 : ①오염수 내 방사성 오염 물질이 안전하게 제거
②바닷물의 양에 비해 방류되는 오염수 양은 적음

제목 : 일본 오염수 방류를 걱정하지 않아도 되는 까닭은

2023년 8월 24일, 일본은 후쿠시마 원자력 발전소의 오염수를 바다로 방류하기 시작했다. 이에 따라 일본의 오염수 방류가 바다를 오염시킬 것이라는 입장과 안전하다는 두 입장이 서로 팽팽하게 맞서고 있다. 여러 논란이 일고 있는 가운데, 나는 오염수 방류를 크게 걱정하지 않아도 된다고 보는 입장이다.

먼저 오염수를 과학적으로 측정한 결과, 오염수 내의 여러 방사성 물질이 깨끗하게 제거된 것으로 나타났기 때문이다. 삼중 수소 역시 완전히 제거할 수 없는 물질이라고는 하나, 신체에 안전한 농도로 희석했다고 한다. 실제로 많은 과학자들이 오염수 방류가 사람과 환경에 미치는 영향은 미미한 수준이라고 주장하고 있다.

다음으로, 오염수가 방류된다고 해서 전체 바다에 영향을 미치지 않는다는 점도 들 수 있다. 전체 바닷물 양에 대비해 볼 때, 방류되는 오염수 양은 아주 적기 때문에 오염수 방류로 전체 바다가 오염된다거나, 모든 바다 생물이 방사성 물질에 노출될 거라는 걱정은 하지 않아도 된다고 본다.

일본의 오염수 방류는 우리에게 당장 직접적인 영향을 미칠 만큼 위험하지 않을 것이다. 그러나 수십 년간 방류가 계속될 예정인 만큼 지속적인 관심과 점검은 반드시 필요하다. 우리 정부는 우리가 안심하고 해산물을 먹을 수 있게 우리 바다가 오염이 되었는지, 수입되는 수산물이 안전한지 철저하고 관

리하고 감시해야 할 것이다.

의견 2 : 오염수 방류는 위험하다√
근거 : ①전문가들 사이에서도 의견이 나뉨
②앞으로의 영향은 예측할 수 없음

제목 : 일본 오염수 방류, 이대로 정말 괜찮은 걸까?

　2023년 8월 24일, 일본은 후쿠시마 원자력 발전소의 오염수를 바다로 방류하기 시작했다. 일본의 오염수 방류와 관련하여 수많은 논란이 일고 있는 가운데, 나는 오염수 방류는 우리의 건강에 직접적인 해를 끼칠 수 있으므로 절대 안심해서는 안 된다고 본다.

　먼저 전문가들 사이에서도 오염수 방류의 안전성에 대해 의견이 갈리고 있다는 점이다. 많은 전문가들이 오염수의 방사능 물질의 농도는 낮은 수준이라 오염수 방류가 위험하지 않다는 입장을 밝히고 있지만 모든 전문가가 이에 동의하는 것은 아니다. 일본 정부가 발표한 자료가 부족하다며 의문을 제기하는 전문가들도 적지 않다.

　두 번째 근거는 오염수 방류는 앞으로 얼마나 더 계속될지 예측할 수 없기 때문에, 오염수 방류가 앞으로 끼칠 영향에 대해서는 아무도 정확하게 알 수 없다는 점이다. 오염수 방류를 시작한 지 얼마 안 된 요즘의 방사성 물질 측정 결과는 안전하다고 나올지 모른다. 하지만 방사성 물질은 사라지는 것이 아니니, 만약 계속 축적된다면 미래에 어떤 결과로 나타날지는 아무도 알지 못한다. 오염수 방류가 훗날 바다 생태계와 더불어 전 세계 사람들의 안전을 위협할지도 모른다.

　오염수 방류는 전문가들 사이에서도 안전성에 대한 의견이 나뉠 뿐만 아니라, 앞으로의 미래 인류에 큰 위협이 될 수도 있다. 지금 당장 괜찮다고 해서 오염수 방류가 언제까지나 안전할 거라고 보기는 힘들다.

11　제목:　　　　　　　　　　　(p. 60~63)

신문 읽고 주제 확인

-하늘에서 고객님의 택배를 배송 중입니다
-하늘을 날아 집 앞까지 가져다주는 드론 택배
-배달시키신 분? 저 드론이 갑니다

텍스트 구조화

기사 속 표현 한 문장

⇨축구를 좋아하는 나와 달리 하민이는 야구를 좋아한다.

생각 쓰기 글 한 편

드론 치킨 배달의 장점 : 1. 빠른 배송
　　　　　　　　　　　 2. 안전한 배송
드론 치킨 배달의 단점 : 1. 도시에서는 어려움
　　　　　　　　　　　 2. 비용이 많이 듦

　우리 가족은 주말에 치킨을 자주 배달시켜 먹는다. 그런데 배달 시간이 아주 많이 걸릴 때가 종종 있다. 만약 치킨이 드론으로 배달된다면 어떨까?

　먼저 배달이 빨라진다. 도로를 이용하지 않기 때문에 아무리 차가 막혀도 배달이 늦어질 일이 없어진다. 그렇기 때문에 언제든지 따끈따끈하고 바삭한 치킨을 받아볼 수 있을 것이다. 또한 배달이 안전해진다. 배달원이 서둘러 오다 교통사고로 다칠 위험도 줄어든다는 장점이 있을 것이다.

　그러나 단점도 무시할 수는 없다. 먼저 도시에는 드론이 날기 어렵다. 특히 우리나라의 대도시에는 아파트와 고층 빌딩이 많아서 드론이 이를 피해서 날기가 매우 힘들 것이다. 또한 비용의 문제도 있다. 배달 드론이 안정화되기 전까지 드론을 사용하는 데 돈이 많이 들 것이며 이는 배달비 상승으로 이어질 것이다. 다른 것에 비해 드론 배달비가 더 비싸다는 것이 가장 큰 단점일 것이다.

　아직 해결되지 않은 드론 배달의 단점들이 있지만, 드론 배달이 얼른 시작되었으면 좋겠다. 치킨이 우리 집에 날아오면 얼마나 신기할까? 하늘을 날아다니는 배달 드론! 하루빨리 볼 수 있기를 기대한다.

12 | 제목:　　　　　　　　　　　(p. 64~67)

신문 읽고 주제 확인
- 경제가 휘청, 회색 코뿔소가 달려온다
- 회색코뿔소와 블랙스완의 의미
- 회색코뿔소가 찾아왔다면?

텍스트 구조화

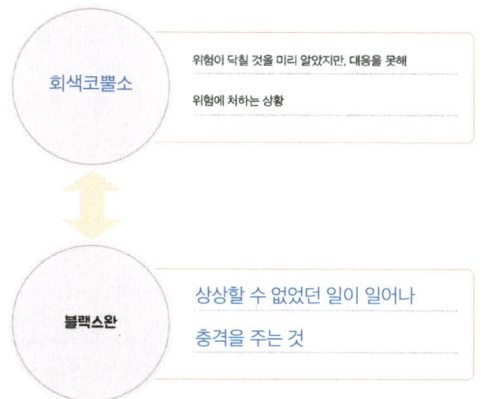

회색코뿔소 — 위험이 닥칠 것을 미리 알았지만, 대응을 못해 / 위험에 처하는 상황

블랙스완 — 상상할 수 없었던 일이 일어나 / 충격을 주는 것

기사 속 표현 한 문장
⇨ 옆자리 태영이의 짓궂은 장난을 도저히 참을 수 없었다.

생각 쓰기 글 한 편
회색 코뿔소√

　나는 회색코뿔소라고 불리는 상황을 경험한 적이 있다. 나쁜 일이 생길 것을 알았지만 무시해서 더 큰 나쁜 일이 생긴 것이다. 그 일은 바로 어제 미술 시간에 벌어진 일이었다. 누가 물을 쏟았는지 모르겠지만, 어제 교실 바닥에 물이 흥건했다. 바닥에 물이 고여 있으면 누군가 그 물을 밟고 가다 미끄러질 수도 있고, 거기에 물건을 떨어뜨리면 물건이 젖을 수도 있다. 나도, 우리 반 친구들도 그런 일이 벌어질 수 있다는 사실을 알고 있었지만 그 누구도 나서서 바닥의 물을 닦지 않았다.
　요리조리 바닥의 물을 피하면서 오고 가다가 결국 사고가 발생하고 말았다. 바닥에 고인 물을 미처 발견하지 못한 예은이가 그곳을 지나가다 물을 밟고 미끄러지고 만 것이다. 예은이는 엉덩방아를 심하게 찧으며 넘어졌고 너무 아파서 엉엉 울기까지 했다. 예은이는 보건실에 가서 누워 있다가 결국 조퇴를 했다.
　교실 바닥에 고인 물이 위험할 수 있다는 사실을 이미 알고 있었는데, 그것을 먼저 발견한 내가 바닥 물을 닦았다면 예은이가 다치지 않았을 텐데... 예은이가 다치고 나서야 후회를 했다. 앞으로는 위험한 일을 발견하면 못 본 체하지 않고 미리 대처할 것이다.

블랙스완√

　나는 블랙스완이라고 불리는 상황을 경험한 적이 있다. 전혀 예상하지 못했는데 나쁜 일이 생겨 충격을 받은 일 말이다. 그 일은 바로 지난 여름 다리가 부러졌던 일이다. 축구부 연습을 하고 집에 돌아가는 길에 계단을 두 칸 씩 뛰어 내려가다 발을 헛디뎌 굴러 떨어지고 만 것이다.
　병원에 가니 다리가 골절돼서 한동안 깁스를 해야 한다고 했다. 의사선생님의 말씀을 듣고 나는 순간 눈앞이 깜깜해졌다. 그때 나는 그 다음 주에 아주 중요한 축구 시합을 앞두고 있었기 때문이다. 그 시합을 위해서 나는 몇 달을 오후에 놀지도 않고 훈련에만 매진했었다. 그런데 갑작스러운 다리 골절로 깁스를 해야 한다니... 그리고 시합에 나갈 수 없게 되었다니... 전혀 예상하지 못한 나쁜 일에 나는 할 말을 잃고 말았다. 내가 시합에 나가지 못하게 되면서 나뿐만 아니라 우리 팀에도 비상이 걸리고 말았다.
　예상치 못한 나쁜 일은 이렇게도 생기는 것이었다. 그때 큰 충격을 받고 나는 그 이후로 절대 계단을 뛰어 내려가지 않게 되었다.

13 | 문어가 친구에게 화가 나면 (p. 68~71)

신문 읽고 주제 확인
화가 나, 의사소통, 사회성

텍스트 구조화

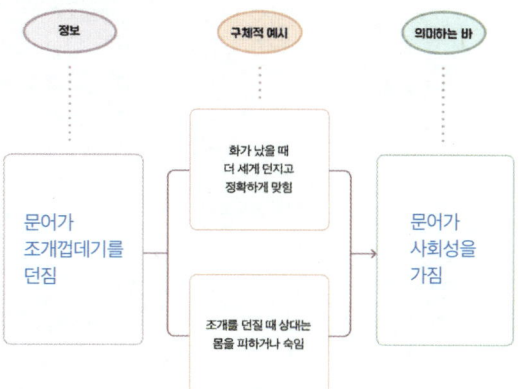

정보 — 문어가 조개껍데기를 던짐
구체적 예시 — 화가 났을 때 더 세게 던지고 정확하게 맞힘 / 조개를 던질 때 상대는 몸을 피하거나 숙임
의미하는 바 — 문어가 사회성을 가짐

기사 속 표현 한 문장
⇨ 채연이는 소풍 때 도시락 외에도 과자와 젤리, 초콜릿을 챙겨 왔다.

생각 쓰기 글 한 편
정보: 나는 화가 났을 때 행동으로 내가 화가 났음을 표현한다
구체적 예시: - 매섭게 눈을 흘긴다
　　　　　　- 엉엉 엎드려 운다
느낀점: 문제는 해결되지 않고 기분만 더 상한다

> 　나는 화가 났을 때 표정과 행동으로 내가 화가 났음을 표현한다. 얼마 전 다빈이와 크게 싸운 적이 있다. 다빈이는 나에게 서운하고 기분 나쁜 점을 조목조목 논리적으로 말하며 따지기 시작했다. 그러나 나는 그때 무슨 말을 어떻게 해야 할지 몰라 그저 다빈이를 매섭게 흘겨보기만 했다. 그래도 억울한 마음이 풀리지 않아 책상 위에 엎드려 엉엉 소리 내 울었다. 내 생각을 말로 표현하지 않아 다빈이는 내 마음을 알 수 없었고 그 후로 우리는 서먹서먹한 사이가 돼 버렸다.
> 　화가 났을 때 울기만 하거나 표정으로만 나타내면 문제가 하나도 해결되지 않을뿐더러 기분만 더 상한다. 앞으로는 표정과 행동으로 나타내지 말고, 차분하게 말로 나의 마음을 전달하려고 노력해야겠다.

기사 속 표현 한 문장
⇨ 이한이는 수업 시간에 열심히 공부했으므로 좋은 성적을 받았다.

생각 쓰기 글 한 편
내가 스트레스를 계속 받게 된다면?
⇨ 잠을 못 잠, 수업에 집중 못 함, 밥맛이 없음

> 　나는 요즘 친구 관계로 스트레스를 받는다. 한두 번은 괜찮지만 이런 스트레스를 계속 받는다면 나는 사소한 일에도 쉽게 짜증을 낼 것이다. 엉뚱한 사람에게 괜히 소리를 버럭 지르게 될지도 모른다. 또, 생각이 많아져 잠도 제대로 못 잘 것이다. 요즘 부쩍 사이가 멀어진 것 같은 친구와 어떻게 하면 친해질까 고민하다가 꼬박 밤을 새운 적이 있었다. 이뿐만 아니라 스트레스를 받아 이런저런 고민을 하다 보면, 수업에도 집중하기 어려울 것이다. 수업 시간에 딴생각을 하면, 백발백중 선생님께 혼이 나게 될 것이다. 심지어 밥맛도 없어져 내가 좋아하는 자장면도 깨작깨작 먹을지도 모른다.
> 　스트레스를 받는 귤이 달콤해지는 것과는 다르게 나는 스트레스를 계속 받으면 안 좋은 변화들이 생길 것 같다. 이러한 일이 생기지 않도록 스트레스를 받으면 걱정만 하지 말고 내가 좋아하는 일을 하면서 스트레스를 풀려고 노력해야겠다.

14 맛있는 귤의 정체를 밝혀라! (p. 72~75)

신문 읽고 주제 확인
⇨ 귤, 스트레스, 보관하다, 아래쪽, 달다, 영양분
[해설] 귤은 스트레스를 받을수록, 아래쪽에 달려 있을수록, 영양분을 적게 받을수록, 오래 보관할수록 더 달아진다.

텍스트 구조화

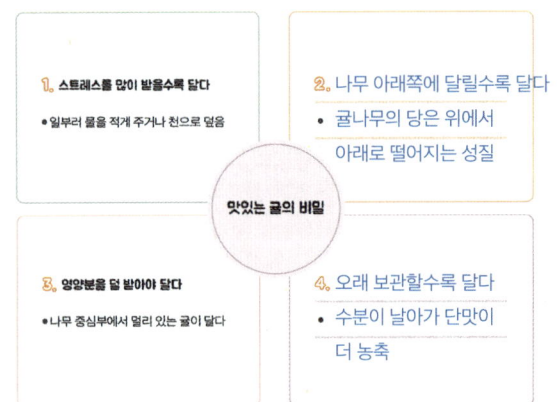

15 제목: (p. 76~79)

신문 읽고 주제 확인
- 보거나 듣지 않아도 다 느끼는 우리의 뇌
- 뇌는 모든 것을 보고 듣고 있다

텍스트 구조화

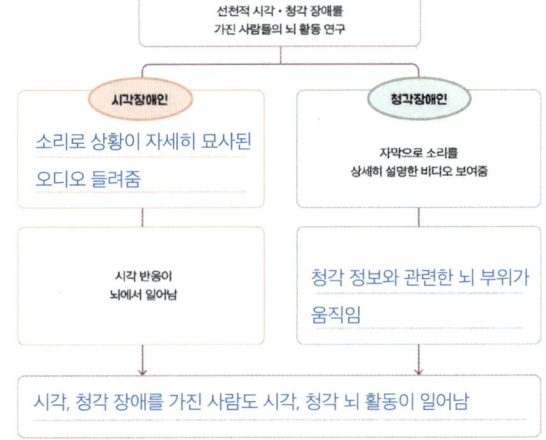

기사 속 표현 한 문장
⇨ 도서관에서 우연히 빌린 책을 읽고 가슴이 터질 듯한 감동을 받았다.

텍스트 구조화

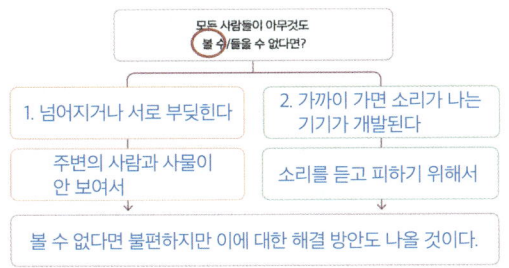

세상 모든 사람들이 아무것도 볼 수들을 수 없는 상황이 벌어진다면, 사람들이 길을 가다가도 어디에 걸려 자주 넘어지거나 사람들끼리 서로 부딪혀 불편을 겪을 것이다. 그로 인해 다툼도 발생할 수 있다.

그러나 사람들은 이를 극복하기 위해 이런저런 노력을 할 것 같다. 예를 들면, 어떤 사람이나 사물이 가까이 있으면 소리가 나는 기기 같은 것이 개발될지도 모른다. 이 기기에서 나는 소리를 듣고 나와 다른 물체와의 거리를 인식해서 부딪히지 않도록 피할 수 있을 것이다.

모든 사람들이 아무것도 볼 수 없다면 정말 불편해질 것이다. 하지만 시간이 지날수록 보이지 않는 상황에 적응하기 위한 적절한 해결 방안도 나올 것이다.

16 패스트패션은 환경오염의 주범 (p. 80~83)

신문 읽고 주제 확인
큰 도움은 되지 않는다

텍스트 구조화

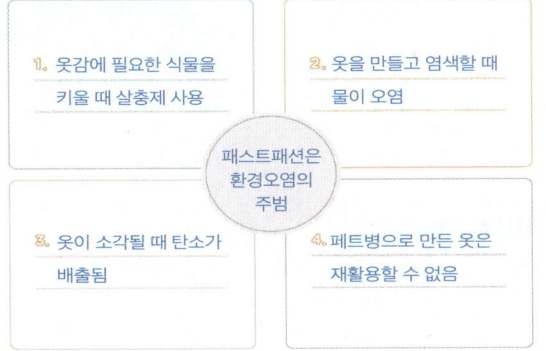

기사 속 표현 한 문장
⇨ 단 하나의 정답만이 옳은 것은 아니다.

생각 쓰기 글 한 편
대기 오염√ - 공장 굴뚝 연기 √
      - 축산업 √

요즘 가장 심각한 환경오염은 대기 오염이다. 대기 오염은 매연, 먼지, 일산화 탄소 등과 같이 인간 생활에 나쁜 영향을 주는 물질이 공기와 섞이는 것을 말한다.

그 원인은 다음과 같다. 첫째, 공장의 매연 때문이다. 공장의 굴뚝에서 뿜어져 나오는 매연에는 각종 유해 물질들이 섞여 있다. 이 유해 물질들이 미세 먼지의 원인이 되어 대기를 오염시킨다.

둘째, 대규모의 축산업 때문이다. 소가 되새김질을 하는 과정에서 온실가스인 메탄이 만들어지고 트림이나 방귀로 배출된다고 한다. 가축들이 대규모로 사육되면 그만큼 많은 양의 메탄가스가 나오기 때문에 이것이 대기에 미치는 영향을 무시할 수는 없다.

지금까지 대기 오염의 주범들을 알아보았다. 이제는 대기 오염 주범들이 더 이상 대기를 오염시키지 않도록 엄격한 기준을 적용하고, 메탄가스를 배출시키지 않는 가축 사료를 개발하는 등, 다양한 노력을 들여야 할 때이다. 또한 우리 스스로도 대기 오염에 관심을 갖고, 오염을 줄여나가려는 노력을 기울여야겠다.

수질 오염√ - 생활 하수 √
      - 농업 폐수 √

요즘 가장 심각한 환경오염은 수질 오염이다. 수질 오염은 인위적인 요인에 의하여 바다, 강, 호수 등과 같은 자연의 수자원이 오염되어 생활에 피해를 주는 현상을 말한다.

그 원인은 다음과 같다. 첫째, 생활 하수 때문이다. 생활 하수란 일상생활에서 사용하다 하수구로 버려지는 물을 말한다. 우리가 날마다 별생각 없이 쓰고 버리는 세제나 음식물 찌꺼기, 기름 등이 하천을 오염시키는 것이다.

둘째, 농업 폐수 때문이다. 농업 폐수란 농작물을 재배하는 과정에서 비료나 농약에 의해 오염된 물을 말한다. 농사를 짓는 데 사용되는 농약과 비료에는 유해 물질이 포함되어 있는데, 땅에 뿌려진 농약과 비료는 토양을 오염시키고 더 나아가 강과 바다로 흘러 들어가서 수질을 오염시킨다.

물은 우리가 살아가는 데 있어 가장 중요한 물질 중 하나이다. 한번 오염된 물이 깨끗해지는 데에는 상당한 시간과 비용이 든다. 따라서 수질 오염이 더 심해지지 않도록 주의를 기울이고, 또 오염을 해결하기 위한 다양한 대책들도 마련해야 할 것이다.

17 막 내린 지구 온난화, 이제는 지구 열대화 시대 (p. 84~87)

신문 읽고 주제 확인

⇨지구 열대화, 폭염, 전 세계, 광범위한 영향, 기후 변화

해설 지구 열대화 시대에 도래한 지금, 전 세계가 폭염에 시달리고 있으며, 이러한 기후 변화는 사람들의 삶에 광범위한 영향을 미칠 것이다.

텍스트 구조화

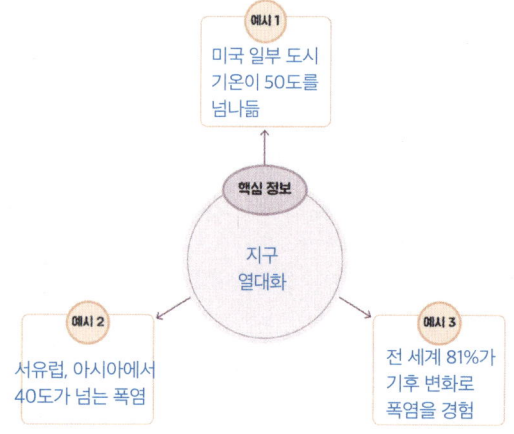

기사 속 표현 한 문장

⇨디지털 시대가 도래하면서 손글씨를 쓸 일이 점점 줄어들고 있다.

생각 쓰기 글 한 편

현상 1 : 건강을 해침
현상 2 : 식량 위기
현상 3 : 에너지 사용 증가
해결책 : 기후 변화를 줄이고 악순환을 막기 위해 온실가스 배출을 줄여나가야 함

지구는 지금 부글부글 끓는 용광로 한가운데 있다.
　이로 인해 전 세계 인구 80%가 넘는 사람들이 극심한 폭염에 시달리고 있다. 이제 지구 온난화 시대는 가고 지구 열대화 시대가 도래한 것이다. 전문가들은 앞으로 폭염은 더 길고 심해질 것이라고 예상한다.
　이처럼 폭염이 계속되면, 먼저 사람들의 건강을 해칠 것이다. 열사병이나 탈진으로 쓰러지는 사람들이 끊이지 않을뿐더러, 이미 병을 앓고 있는 사람들의 증상이 더욱 악화될 수 있다. 또한 폭염은 농작물 재배에도 악영향을 미친다. 강한 햇빛에 농작물이 상하거나, 해충 피해 등을 입어 농작물이 잘 자라지 못하기 때문이다. 이로써 농작물 수확이 줄고, 이것은 식량 위기로 이어질 수 있다. 폭염의 피해는 이뿐만이 아니다. 더운 날씨로 사람들의 에어컨 사용량이 급격히 늘 수 있다. 에너지 사용의 증가는 온실가스 배출량을 늘리고 이는 결국 지구 온난화를 더 심하게 한다.
　폭염에서 시작된 끝없는 악순환의 해결 방법은 무엇일까? 바로 온실가스를 줄여나가는 것이다. 온실가스 배출을 줄이기 위해 에어컨의 사용을 자제하고, 대중교통을 이용하고 플라스틱 사용도 줄여나가야겠다. 온실가스를 줄이면 지구 온도가 급격히 오르는 것을 막을 수 있고, 이로써 폭염도 누그러뜨릴 수 있다. 이제, 모두가 함께 노력해나가야 한다.

18 라니냐 가고 엘니뇨 찾아와 (p. 88~91)

신문 읽고 주제 확인

빨라져서

텍스트 구조화

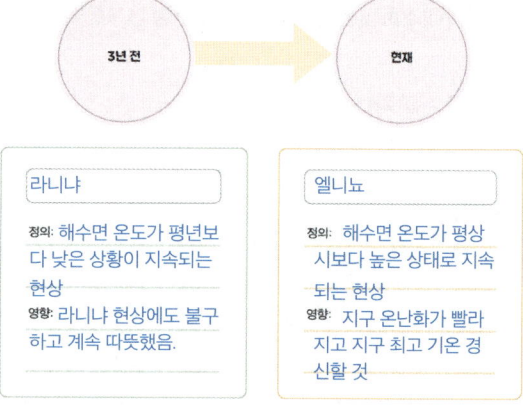

기사 속 표현 한 문장

⇨그는 이어달리기에서 넘어져 꼴등이 되었음에도 불구하고 끝까지 최선을 다해 달렸다.

생각 쓰기 글 한 편

1. 높은
2. 빨라짐 / 높아짐 / 극심한 폭염, 홍수, 가뭄
3. 식량 부족, 바이러스나 각종 감염병 유행, 자연재해로 인한 인명 및 시설 피해

> WMO는 이제 라니냐 현상이 끝나고 엘니뇨 현상이 시작될 것이라고 밝혔다. 엘니뇨 현상이란, 해수면 온도가 평상시보다 높은 상태로 수개월 이상 지속되는 현상을 말한다.
> 엘니뇨가 발생하면 지구 온난화의 속도가 더욱 빨라져, 지구의 기온이 높아진다. 이로 인해 지구 곳곳에 폭염, 폭우나 가뭄과 같은 기상 현상이 더욱 잦고 강하게 나타날 것이다.
> 극단적인 가뭄이나 홍수가 자주 발생한다면 우리 삶에도 큰 영향을 미친다. 가뭄으로 농작물 재배가 원활하지 못해 농작물 가격이 치솟을 것이며, 더 나아가 식량 부족 현상이 일어날 것이다. 또한 기온 상승으로 각종 바이러스나 감염병이 유행해 사람들의 건강을 위협할지도 모른다. 이뿐만 아니라 폭우나 홍수로 인해 시설들이 침수되거나 인명 피해를 입을 수도 있다. 이제, 가만히 지켜보고만 있을 수 없다. 이상 기후로 인해 발생할 수 있는 위험에 모두가 미리 대비하고 대응해야 할 때가 온 것이다.

19 미역은 튼튼한 지구 수호대 (p. 92~95)

신문 읽고 주제 확인
· 갈조류와 같은 역할을 한다
· 환경지킴이 역할을 한다

텍스트 구조화

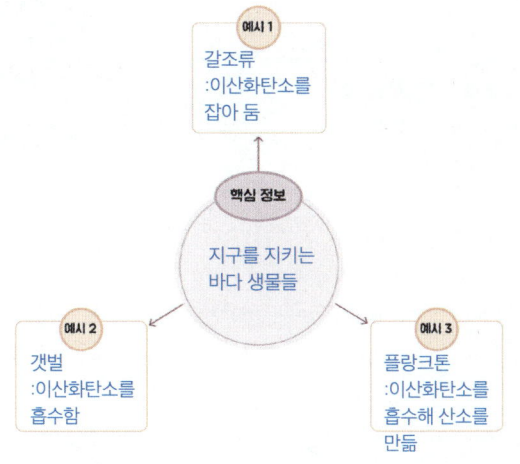

기사 속 표현 한 문장
⇨ 엄마가 나를 성까지 붙여 부르는 것은 화가 났다는 것을 의미한다.

생각 쓰기 글 한 편
⇨ 이산화탄소, 갈조류, 갯벌, 플랑크톤, 산소, 흡수, 점액

썸네일 : 맛 좋은 미역, 지구에도 좋다
영상 제목 : · 바닷속에 환경 보호의 주역이 있다?
· 우리가 몰랐던 미역의 비밀!

> 갈조류 : 먼저, 갈조류는 이산화탄소를 흡수해 점액으로 내보내요. 이 점액은 수백 년이 지나도 쉽게 분해되지 않아 이산화탄소를 오랜 시간 단단히 붙잡아 두어요.
> 갯벌 : 다음으로, 갯벌은 엄청난 양의 이산화탄소를 흡수할 수 있어요. 다양한 해양 생물의 보고이자 이산화탄소 정화조 역할을 하지요.
> 플라크톤 : 마지막으로, 플랑크톤도 이산화탄소를 흡수해서 산소로 만들어요. 마치 식물처럼 말이에요. 최근 플랑크톤이 흡수하는 이산화탄소량이 늘었다고 해요.
> 깨끗한 바다 : 바다 생물들! 정말 고마워요. 이제는 우리도 질 수 없단 마음으로 이산화탄소 줄이기를 실천해 봐야겠어요.

20 우리가 살고 있는 시대, 그 이름은 바로 인류세 (p. 96~99)

신문 읽고 주제 확인
⇨ 인류세, 플라스틱, 파괴, 자연환경, 지질 환경, 기후 변화

해설 인류세란, 인류가 자연환경을 파괴해 지질 환경에 영향을 미치고 기후 변화를 일으킨 시대를 말하며 플라스틱이 인류세를 대표하는 물질이다.

텍스트 구조화

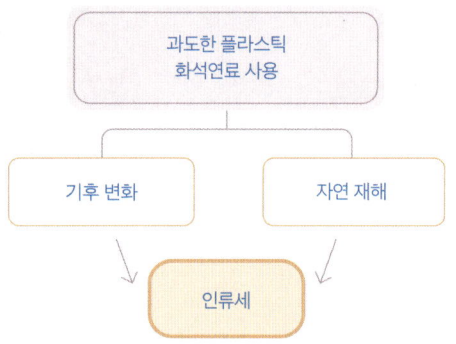

기사 속 표현 한 문장
⇨ 이제 나도 고학년이 되었으니 말과 행동 모두 의젓하게 해야겠다.

생각 쓰기 글 한 편
1. 인류세란? : 인류가 각종 개발로 자연환경을 파괴해 기후와 지구 환경에 영향을 미친 시대로 대표 물질은 플라스틱임
2. 인류세의 문제점 : 과도한 플라스틱과 화석연료 사용으로 기후 변화를 일으키고 자연재해가 일어남
3. 인류세의 문제점을 극복하기 위해 : 플라스틱 사용을 줄이고 화석연료 대신 재생 에너지를 사용해 환경오염 줄일 것. 지구를 살려내기 위해 노력해야 함

우리는 현재 인류세라고 불리는 시대를 살아가고 있다. 인류세란 인류가 각종 개발로 자연환경을 파괴해 기후 변화와 자연재해를 일으켜 지구 환경에 막대한 영향을 미치는 시대를 말한다.

인류세의 문제는 바로 플라스틱과 화석연료의 과도한 사용이다. 플라스틱은 인류세를 대표하는 물질로, 지구 곳곳에서 발견되고 있다. 각종 개발을 위해 무분별하게 사용되는 플라스틱과 화석연료는 기후 변화를 일으키고 이는 산불과 같은 각종 자연재해로 이어지고 있다. 인류세가 지구에 미치는 부정적인 영향을 우리는 이제 보고만 있을 수 없다.

인류세의 문제점을 극복할 수 있는 방법은 바로 플라스틱과 화석연료의 사용을 줄여나가는 것이다. 플라스틱 사용을 줄이기 위해 1회용품 사용을 줄이고, 이미 사용한 플라스틱은 재활용될 수 있도록 철저하게 분리수거를 해야겠다. 또 플라스틱 대신 사용할 수 있는 친환경적인 물질을 개발할 수도 있다. 이뿐만 아니라, 화석연료 대신 사용할 수 있는 무공해 재생 에너지 개발에 힘을 쏟아야 한다. 재생 에너지는 태양, 지열, 풍력, 해양 에너지 등으로 만든 에너지로 자연에 해를 입

히지 않는다.

인류세라는 개념은 자연에 대한 인류의 막대한 영향력과 책임감을 강조한다. 인류가 비록 발전을 위해 환경을 해쳤지만, 이것을 책임질 수 있는 것 또한 인류이다. 인류세의 문제를 극복하기 위해 전 인류가 함께 노력해나가면 지구도 살려냄과 동시에 더 발전된 삶을 살아갈 수 있을 것이다.

21 | 더워지는 날씨, 쏟아지는 홈런볼! (p. 102~105)

신문 읽고 주제 확인
홈런의 확률이 높아지

텍스트 구조화

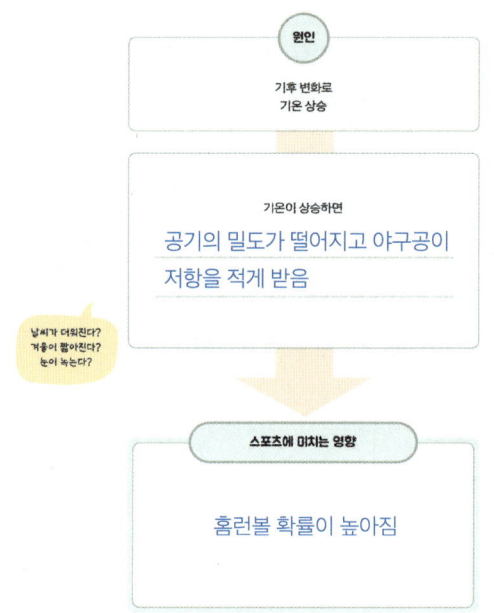

기사 속 표현 한 문장
⇨ 준수의 말에는 논리적인 연관성이 전혀 없어 아무도 그의 말을 믿지 않았다.

생각 쓰기 글 한 편
기온이 상승하면 : 눈이 녹음
스포츠에 미치는 영향 : 스키와 같은 겨울 스포츠를 하기 어려워짐

기후 변화로 인한 기온 상승은 우리의 삶에 여러 가지 영향을 미친다. 기온 상승은 스포츠에도 영향을 끼치는데, 기온이 올라가면 홈런볼의 확률이 높아진다는 연구 결과가 그 대표적인 예이다. 기온 상승은 스포츠에 또 어떤 변화나 영향을 줄 수 있을까?

먼저 기온이 상승하면, 눈이 잘 오지 않을 뿐만 아니라 오더라도 눈이 금방 녹고 애써 얼린 얼음도 쉽게 녹아버린다. 스키장 같은 곳은 눈이 녹아 운영이 어려워 폐장할 가능성이 높다. 실내 빙상장의 경우도 얼음 바닥을 유지시키는 데 많은 에너지를 소모해야 한다.

이러한 변화는 스포츠에 다음과 같은 영향을 미칠 것이다. 겨울 스포츠 경기 대회가 줄어들 것이다. 눈이 오지 않아 대회를 개최할 수 있는 장소를 찾는 것이 힘들기 때문이다. 겨울 스포츠를 즐길 수 있는 장소가 줄면, 자연적으로 겨울 스포츠를 즐기는 사람 또한 점차 없어질 것이며, 이러한 현상이 지속되면 스키와 같은 스포츠 종목이 사라지게 될지도 모른다.

22 | 가뭄에 기저귀 가격이 오른다? (p. 106~109)

신문 읽고 주제 확인
기후 변화, 물가 상승

텍스트 구조화

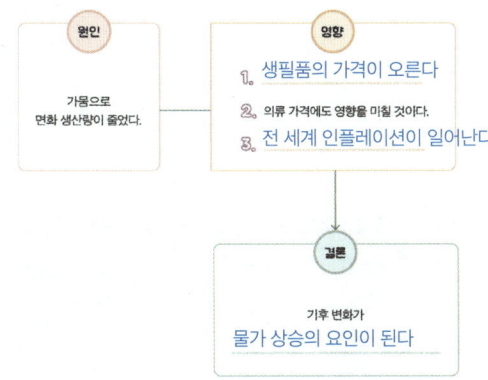

기사 속 표현 한 문장
⇨ 민서와 준영이는 서로 화해했다. 이로써 그 둘은 다시 단짝이 되었다.

생각 쓰기 글 한 편
우리 집에 미치는 영향 :

1. 휴지를 필요한 만큼만 뽑아 쓴다
2. 새 옷을 사지 않고 물려받아 입는다

결론 :
따라서 우리 집에서는 물건을 더욱 아껴 쓰게 될 것이다.

얼마 전 마트에서 장을 보고 돌아오신 부모님이 깜짝 놀라 말씀하셨다. 휴지와 비누 같은 생필품 가격이 2배 가까이 올랐다는 것이다. 또 전에는 15,000원쯤이면 살 수 있던 티셔츠 값 역시 크게 올랐다고 한다.

우리 생활에서 꼭 필요한 물건들의 값이 이렇게 오른 것은 우리 집에 다음과 같은 영향을 끼쳤다. 먼저, 휴지를 필요한 양만큼만 뽑아 쓰게 되었다. 휴지를 여러 장 뽑아 써서 낭비하지 않고, 필요한 만큼만 쓰는 것이다. 예전에는 서너 장을 생각 없이 뽑아 썼는데, 이제는 한두 장만 쓰게 되어서 이제 휴지를 자주 사지 않아도 된다.

다음으로, 새 옷을 구입하지 않고 옷을 물려받거나 중고로 사 입었다. 사촌 언니나 형이 입던 옷을 물려받아 입기도 하고 필요한 옷은 중고 앱에서 찾아 사 입게 돼, 평소에 옷값에 들었던 돈을 절반 이상 아낄 수 있었다.

우리 집에서는 앞으로 물건을 아껴 쓸 뿐만 아니라, 무조건 새것을 사는 소비 습관을 고쳐, 쓸데없는 낭비를 줄일 것이다. 물건을 아껴 쓰고 중고 물건을 적극적으로 활용하는 것이야말로 물가 상승에 대응하는 가장 현명한 방법이 아닐까?

23 | 집들이 먼지처럼 폭삭 내려앉은 그 곳에는 (p. 110~113)

신문 읽고 주제 확인
얕았

텍스트 구조화

기사 속 표현 한 문장
⇨ 내 필통 속에는 연필, 지우개, 볼펜, 빨간 색연필 **등**이 있다.

생각 쓰기 글 한 편
방법 2 : 학교 운동장 같은 넓은 곳으로 대피한다
방법 3 : 가스 밸브를 잠근다

> 지진에서 안전할 거라고 하던 한국에서도 지진이 발생했다는 뉴스를 종종 듣곤 한다. 지진이 일어났을 때 우리는 어떻게 해야 피해를 줄일 수 있을까?
>   첫째, 지진이 났을 때 책상 아래로 들어가 떨어지는 물건에 맞지 않도록 한다.
>   둘째, 흔들림이 멈추면 질서를 지켜 학교 운동장 같은 넓은 곳으로 대피한다. 건물에서 빠져나올 때 엘리베이터는 멈출 위험이 있으므로 반드시 계단을 이용한다.
>   셋째, 가스 누출과 화재를 막기 위해 가스 밸브를 잠그고 전기를 차단해야 한다. 그리고 지진 때문에 벽에 금이 가거나 기울게 되면 문이 열리지 않을 수도 있으므로 문을 열어, 나갈 공간을 마련해야 한다.
>   튀르키예처럼 강한 지진이 일어나면 우리나라도 큰 피해를 입을 것이다. 우리나라도 더 이상 지진에서 안전하지 않으므로 지진이 났을 때 대처하는 방법을 알아두어야겠다.

24 | 제목: (p. 114~117)

신문 읽고 주제 확인
- 우리 몸속에 플라스틱이 들어 있다고요?
- 플라스틱이 흘러 흘러 우리 몸속으로
- 사람이 플라스틱을 먹고 있다면?

텍스트 구조화

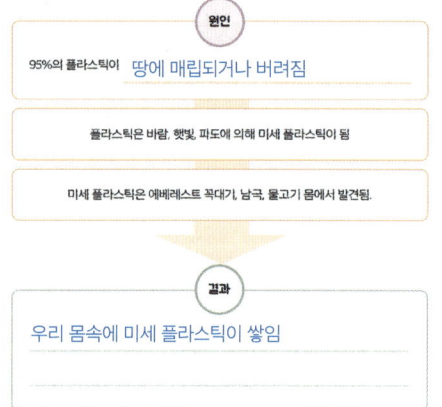

기사 속 표현 한 문장
⇨ **소문에 따르면** 강수와 민희가 사귄다고 한다.

생각 쓰기 글 한 편
결과 :
· 동물들이 플라스틱으로 인해 다치거나 병듦
· 플라스틱은 썩지 않음
· 사람 몸에 미세 플라스틱이 쌓임

> 플라스틱 사용이 계속 늘어나고 있다. 지금처럼 플라스틱 사용을 줄이지 않고 점점 더 많이 사용하면 어떻게 될까?
>   첫째, 플라스틱 쓰레기 때문에 동물들이 다치거나 병이 든다. 바닷속 생물들이 플라스틱 그물망에 몸이 친친 감긴 채 고통스럽게 살아가거나, 플라스틱을 먹이로 오인해 먹는 바람에 몸에 플라스틱이 쌓여 동물들이 죽음을 맞이하게 되는 경우가 빈번하게 일어나고 있다.
>   둘째, 플라스틱은 아무리 오랜 시간이 지나도 썩어서 분해되지 않는다. 매립된 플라스틱은 썩어서 사라지지 않고, 토양만 오염시킨 채, 그대로 땅속에 쌓여만 가는 것이다.
>   셋째, 사람 몸에 미세 플라스틱이 들어오는 결과로 이어진다. 플라스틱이 바람이나 햇빛, 파도에 의해 부서지면 미세 플라스틱이 되는데, 한 사람이 일주일 동안 먹는 미세 플라스틱이 2,000개나 된다고 한다. 우리가 마구 쓴 플라스틱이 다시 우리에게, 우리 몸속으로 돌아오는 것이다.
>   이러한 문제는 우리 환경과 삶에 나쁜 영향을 미친다. 따라서 우리는 플라스틱 사용을 줄이기 위해 가게에서 비닐봉지 대신 물건을 담을 가방을 챙겨 다니고, 일회용 컵 대신 텀블러에 음료나 물을 담아 마시는 등의 노력을 해야 한다.

25 | BTS가 여의도에 왔다! 주르륵 쏟아지는 경제 효과 (p. 118~121)

신문 읽고 주제 확인
급증했다, 낙수 효과

텍스트 구조화

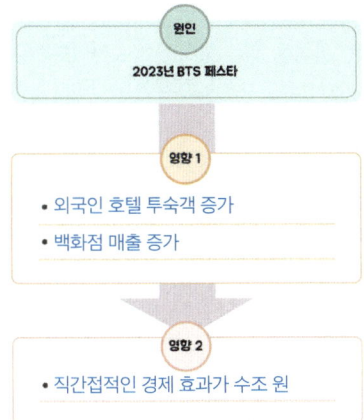

기사 속 표현 한 문장
⇨ 전문가들은 올해 경기가 되살아날 것으로 전망하고 있다.

생각 쓰기 글 한 편
내가 좋아하는 아이돌은? : 뉴진스
어떤 일이 발생했어요? : 음악을 들음 / 포토카드와 앨범 구입
미친 영향은요? : 들을 때마다 기분이 좋아짐 / 앨범을 사기 위해 심부름도 열심히 함

> 나는 1년 전부터 뉴진스를 좋아해 왔다. 뉴진스는 일단 발표한 곡들 하나하나가 다 훌륭한데, 그 근사한 곡에 뉴진스의 귀여운 목소리가 더해져 들을 때마다 내 마음을 설레게 한다.
> 그래서 나는 매일 뉴진스 음악을 듣고 공연 영상도 찾아본다. 그뿐만 아니라 뉴진스 포토 카드도 구입해서 내 책상 위에 올려두었다. 귀여운 멤버들의 얼굴을 보면 공부할 때도 왠지 힘이 나는 것 같다. 또 새 앨범도 나올 때마다 곧장 사러 간다.
> 뉴진스를 좋아해서 발생한 위의 일들은 다음과 같은 영향을 미쳤다. 우선 음악을 들을 때마다 기분이 좋아진다. 행복한 마음이 드니 수학 문제도 절로 잘 풀리는 것 같다. 그리고 포토 카드나 앨범을 사고 싶지만, 용돈만으로는 부족해서 못 살 때도 많다. 그래서 나는 부모님 심부름을 더 많이 해서 용돈을 벌어 그 돈을 차곡차곡 모아두려고 한다.

26 | 새로 산 물건인데 자꾸 고장이 난다면
(p.122~125)

신문 읽고 주제 확인
줄어드는

텍스트 구조화

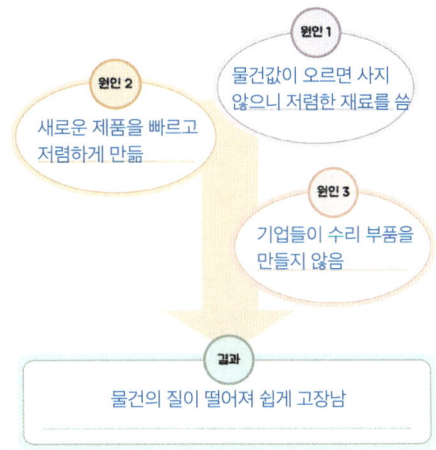

기사 속 표현 한 문장
⇨ 나는 독감에 걸렸고 그에 따라 가족 여행이 취소되었다.

생각 쓰기 글 한 편
1. 지난주 토요일, 5,000원, 문구점 목걸이
2. 혜민이가 산 것을 보고 나도 사고 싶어서
3. 그다음 날에 끊어짐
4. 고칠 수 없어서 버림
5. 황당하고 속이 상함. 문구점에서 파는 액세서리는 안 살 것임

> 나는 지난주 토요일에 문구점에서 5,000원짜리 목걸이 을/를 구입했다. 반 친구 혜민이가 문구점에서 산 목걸이를 학교에 하고 왔는데 어찌나 반짝거리며 예쁘던지 나도 사서 하고 다니고 싶었다. 그래서 엄마를 졸라 혜민이와 같은 목걸이를 구입했다.
> 목걸이를 산 다음 날이었다. 학교에 목걸이를 하고 가려고 목걸이 고리 부분을 잡는 순간, 뚝 하고 목걸이가 끊어져 버린 것이다. 접착제로 붙이면 될 것이라 생각하고 학교에서 돌아와 해봤는데, 그것은 내 바람에 지나지 않았다. 목걸이는 얇고 고리 부분은 너무 작아서 접착제로 붙여지지 않았다. 내가 힘을 줘서 목걸이를 잡은 것도 아닌데 이렇게 쉽게 끊어지다니... 황당하고 속상했다. 나중에 알고 보니 혜민이도 목걸이를 구입한 며칠 뒤 목걸이가 끊어졌다고 했다.
> 앞으로 문구점에서 파는 액세서리는 아무리 예뻐 보여도 쉽게 망가질까 봐 섣불리 사지 못할 것 같다. 액세서리를 만드시는 분들은 소비자들이 믿고 살 수 있도록 더 튼튼하게 만들어 주셨으면 좋겠다.

27 | 틱톡! 지금 당장 삭제해야 (p. 126~129)

신문 읽고 주제 확인
사이버 공격, 개인 정보, 금지

텍스트 구조화

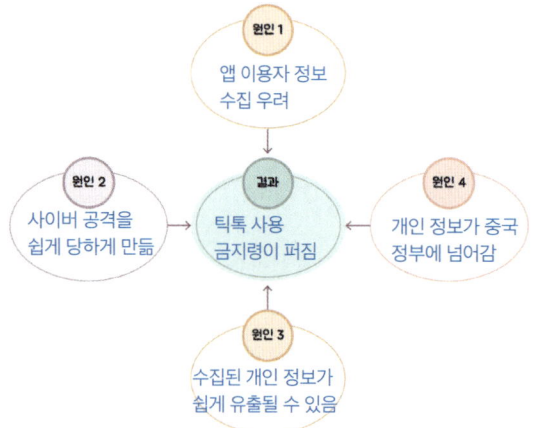

기사 속 표현 한 문장
⇨ 이 책에는 아이들에게 유익한 정보가 상당량 담겨 있다.

생각 쓰기 글 한 편
내가 즐겨보는 앱 : 카카오톡 앱
이유 1: 여러 친구들과 동시에 이야기할 수 있어서
이유 2: 귀여운 이모티콘을 많이 쓸 수 있어서
이유 3: 영상 통화를 할 수 있어서
이유 4: 사진이나 동영상을 편하게 주고받을 수 있어서

내가 즐겨 쓰는 앱은 카카오톡 앱이다. 카카오톡 앱은 언제 어디서나 친구들이나 가족들과 메시지를 주고받을 수 있는 메신저 앱으로, 아주 많은 사람들이 카카오톡을 사용하고 있다.
　내가 이 앱을 자주 사용하는 이유는 먼저 여러 사람들과 동시에 이야기를 나눌 수 있기 때문이다. 친한 친구들과 한 번에 다같이 대화를 하면 마치 우리가 실제로 만나서 신나게 놀고 있다는 느낌이 든다. 게다가 카카오톡에는 다양한 이모티콘이 있어서 친구들과 이야기를 나눌 때 나의 감정을 더 실감 나게 표현할 수 있다. 서로가 쓴 이모티콘이 귀여워서 이야기를 나누다가 깔깔 웃기도 하면서 더 즐겁게 수다를 떨 수 있다. 카카오톡을 사용하는 또 다른 이유는 사진이나 동영상을 간편하고 주고받을 수 있다는 점이다. 친구가 여행 중에 찍은 멋 있는 풍경 사진이나 맛있는 음식 사진을 보내주면, 그 사진을 보면서 마치 친구와 함께 여행을 간 느낌이 들기도 한다. 마지막으로 영상 통화를 할 수 있다는 점도 카카오톡을 자주 사용하는 이유 중 하나다. 자주 뵙지 못하는 할머니 할아버지와 영상으로 통화하면 얼굴을 보고 대화할 수 있어서 그리운 마음을 달랠 수 있다.
　나는 앞으로도 카카오톡 앱을 자주 사용할 것이다. 카카오톡 앱을 통해 각자의 생활에 대해 이야기 나누고 사진도 주고받으면 자주 못 만나는 친구들, 가족들과도 계속 가깝게 지낼 수 있을 것이다.

28 | 잠자던 바이러스가 깨어났다 (p. 130~133)

신문 읽고 주제 확인
⇨ 빙하, 지구 온난화, 녹다, 감염, 고대 바이러스
[해설] 지구 온난화로 인해 빙하가 녹으면서 고대 바이러스가 되살아나, 감염 가능성이 높아지고 있다.

텍스트 구조화

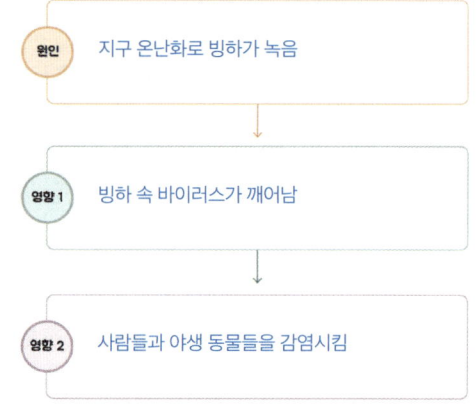

기사 속 표현 한 문장
⇨ 지금 시간이 몇 시인데, 여태껏 잠만 자고 있었단 말이니?

생각 쓰기 글 한 편
고대 바이러스가 되살아난 이유 : 지구 온난화로 빙하가 녹음
생길 수 있는 문제 : 고대 바이러스에 감염됨
우리들이 할 수 있는 일 : 지구 온난화 줄이기, 백신 개발

　빙하나 영구 동토층에 갇혀 있던 고대 바이러스가 잠에서 깨어나기 시작했다. 고대 바이러스가 잠에서 깨어나고 있는

원인은 지구 온난화 때문이다. 지구 온난화로 지구의 기온이 높아져 빙하가 빠르게 녹으면서 빙하 속에 잠들어 있던 바이러스가 되살아나기 시작한 것이다.

고대 바이러스가 잠에서 깨어나면 먼저 감염의 문제가 발생할 수 있다. 고대 바이러스가 실제로 사람을 감염시킬 가능성은 적다고 하지만, 그 지역에 사는 사람들이 늘어나면 감염 위험이 높아질 수밖에 없고, 또 인근 야생 동물들이 감염될 위험도 간과할 수 없다. 고대 바이러스에 대한 지식도, 면역력도 없는 상태이기 때문에 이 상황이 더욱 우려스럽다.

따라서 우리는 고대 바이러스에 대한 대책을 마련해야 한다. 뜨거워진 지구의 빙하가 녹는 속도를 늦추는 것이 급선무다. 먼저 내가 실천할 수 있는 일로는 평소에 전기를 아껴 써 에너지 낭비를 줄인다거나, 가족 나들이를 갈 때 대중교통을 이용하는 것을 들 수 있겠다. 그 외에 전문가들의 노력도 필요하다. 고대 바이러스의 백신 개발이 바이러스 감염을 막을 수 있는 하나의 방법이 될 수 있다. 백신을 통해 바이러스 확산을 막을 수 있을 것이기 때문이다.

29 | 제목: (p. 134~137)

신문 읽고 주제 확인
- 우리가 강원도 바람을 조심해야 하는 이유
- 강원도 산불을 둘러싼 원인들
- 왜 강원도에는 산불이 자주 일어날까?

텍스트 구조화

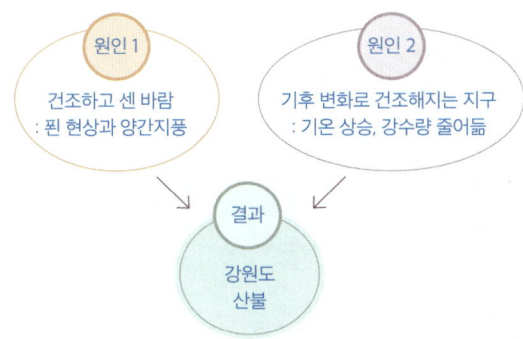

기사 속 표현 한 문장
⇨ 나는 오늘도 방과 후에 어김없이 편의점에 들러 과자를 샀다.

생각 쓰기 글 한 편
강원도 산불, 양간지풍, 푄 현상, 기후 변화

> 강원도에는 봄마다 큰 산불이 발생한다. 강원도 산불의 원인은 먼저 태백산맥을 넘어오며 공기가 뜨겁고 건조해지는 푄현상과 태풍처럼 강한 양간지풍 때문이다. 또 기후 변화로 지구가 뜨거워지고 강수량이 줄어든 점도 산불 위험이 높아진 이유 중 하나다.
> 자연현상과 기후 변화로 매년 강원도의 산불 발생 위험도가 높아지고 있으니 모두가 주의를 기울여야겠다.

30 | 누가 누가 먼저 달에 가나! (p. 138~141)

신문 읽고 주제 확인
귀한 자원, 달 탐사와 달 기지 건설

텍스트 구조화

원인	결과
달의 풍부한 자원 : 헬륨-3, 희토류	여러 국가의 달 탐사 • 미국: 아르테미스 계획 • 중국: 달 기지, 우주 정거장 건설 계획 • 한국: 달 착륙 계획

기사 속 표현 한 문장
⇨ 처음에는 의견이 달랐지만 서로 양보해서 최종적으로 합의를 낼 수 있었다.

생각 쓰기 글 한 편
1. 헬륨-3, 희토류는 무엇? : 달에서 구할 수 있는 귀한 자원
2. 석탄, 석유 대신 헬륨-3, 희토류를 쓰면 좋은 점은?
: 나쁜 물질을 내지 않으므로, 지구 환경 지킬 수 있음
3. 달 자원을 풍부하게 쓸 수 있다면 우리 삶에 어떤 변화?
: 환경오염이 줄어들고, 전자 제품이 더욱 발달
4. 달 자원을 사용하는 데 있어 부정적인 면은 없을지?
: 달의 환경이 오염됨. 나라마다 서로 더 가지려고 싸우게 될지도 모름

> 내로라하는 과학 선진국들이 모두 발 벗고 달 탐사에 나서고 있다. 달에는 무엇이 있길래 이렇게 너도나도 달 탐사를 나서려고 하는 것일까?
> 그 이유는 바로 달에서는 헬륨-3, 희토류와 같은 귀한 자원

을 풍부하게 구할 수 있기 때문이다. 게다가 이 자원들은 현재 우리가 주로 쓰는 석유나 석탄과는 달리 탄소를 내뿜지 않아 환경을 오염시키지 않는다. 달 자원을 쓰면 탄소 때문에 지구를 더 이상 해치지 않고도 지금과 같은 에너지 혜택을 누리며 살아갈 수 있는 것이다. 특히 헬륨-3은 지구 전체에 1만 년 동안이나 에너지를 공급할 수 있을 만큼의 어마어마한 양이 달에 매장되어 있어, 환경오염 걱정 없이 마음껏 쓸 수 있을 것이다.

또한 달 자원 덕분에 우리 삶의 질이 더욱 높아질 수 있다. 희토류의 경우, 각종 전자 제품을 만드는 데 쓰인다. 이러한 희토류를 얼마든지 사용할 수 있게 되면, 전자 제품 개발이 지금보다 더 활발해지고, 더욱 뛰어난 성능의 전자 제품이 개발될 것이다. 이로써 사람들의 삶은 지금보다 더 편리해질 것이다.

달 자원을 얻게 되면 우리는 더 발전된 환경에서 살 수 있겠지만, 그렇다고 무분별하게 달을 탐사해서는 안 된다. 달의 환경이 오염될 수도 있기 때문이다. 또 달 자원을 누가 더 갖느냐로 국가 간 분쟁이 발생할 수도 있다. 달 탐사로 얻을 수 있는 이득만 생각하며 달 탐사에 착수하기 전에, 달의 환경을 지키고 국가 간 싸움이 일어나지 않도록 이에 대한 대비책도 진지하게 고민해 보아야 할 것이다.

⇨ 나는 노래를 잘 부른다. 그뿐만 아니라 춤도 잘 춘다.

생각 쓰기 글 한 편
문제 : 모둠 활동을 할 때 기록자 역할만 맡음
문제 예시 : 지난 사회 시간에 기록만 하느라 모둠 활동에 참여하지 못함
해결책 : 공정하게 역할을 돌아가면서 맡자고 제안함

> 교실 모둠 활동을 할 때 글씨를 잘 쓴다는 이유로 항상 나는 기록자 역할만 맡는다. 지난 사회 시간에도 그랬다. 역사 주제로 모둠별로 토론한 후 발표하는 시간이었는데, 그날의 주제는 내가 잘 아는 주제였다. 그 주제에 대해 평소에 관심이 있어서 관련 책을 많이 읽었기 때문에 하고 싶은 말이 많았다. 그런데 모둠 친구들이 하는 말을 기록하느라 정신이 없어서 토론에 참여하지 못했다. 내 의견을 한마디도 말하지 못한 채, 활동이 끝나고 말았다.
> 나는 이럴 때마다, 모둠 친구들이/가 나를 불공정하게 대한다고 느낀다. 다음에는 나만 기록자 역할을 맡아서 힘들다고 솔직하게 말한 다음, 앞으로는 역할을 돌아가면서 맡자고 제안해야겠다.

31 | 제목: (p. 144~147)

신문 읽고 주제 확인
- 환경도 경제도 지키는 공정 무역
- 모두가 행복해지는 공정 무역

텍스트 구조화

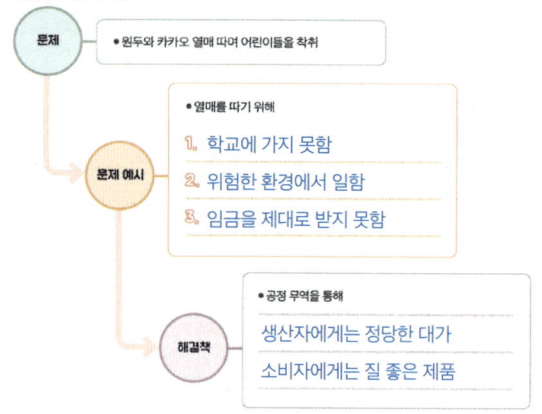

기사 속 표현 한 문장

32 | 동물들을 지켜라, 이젠 비건 패션 시대! (p. 148~151)

신문 읽고 주제 확인
동물 복지, 비건 가죽

텍스트 구조화

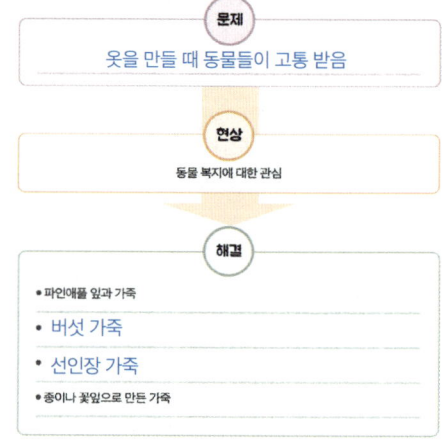

기사 속 표현 한 문장
⇨ 가을의 제철 과일에는 이를테면 사과, 배, 감이 있다.

생각 쓰기 글 한 편
나는 유기견 보호 시설에서 봉사 활동을 할 거야

> 　사람들의 즐거움이나 편리함을 위해 동물들이 괴롭힘을 당하거나 열악한 환경에서 살아간다. 동물들도 행복하고 안전하게 살아갈 권리가 있다. 이를 위해 우리가 할 수 있는 일에는 무엇이 있을까?
> 　첫째, 동물 가죽으로 만든 옷을 입지 않고, 대신 면이나 마 같은 식물성 소재로 만든 옷을 입는 것이다. 요즘에는 버섯이나 선인장 등을 활용한 비건 가죽이 옷뿐만 아니라 가방이나 신발에도 활용되고 있다고 한다. 가방이나 신발도 동물 가죽으로 만든 것 대신 비건 가죽으로 만든 것을 사서 이용해 보는 것도 좋겠다.
> 　둘째, 유기견 보호 시설에 봉사 활동을 가는 방법도 있다. 지난달 부모님과 함께 유기견 보호 시설로 봉사 활동을 갔다. 그때 버려진 강아지들과 놀아 주고, 또 아픈 강아지에게는 약을 주며 보살펴 준 적이 있다. 강아지들을 잠시라도 행복하게 해 줄 수 있어서 정말 뿌듯했다. 우리 가족 모두 그날의 경험을 잊을 수가 없어서 그 후로 시간이 날 때마다 유기견 보호 시설에 가서 동물들을 돌본다.
> 　이런 노력을 통해 동물들이 더 이상 아파하는 일이 없어졌으면 좋겠다. 앞으로 내가 할 수 있는 작은 일들부터 찾아 실천해야겠다.

33 | 케냐 아이들, 학교로 돌아오다! (p. 152~155)

신문 읽고 주제 확인
⇨ 케냐, 가뭄, 아이들, 급수 시설, 물, 학교, 건강 상태

해설 가뭄으로 케냐 아이들이 학교도 못 가고 물을 구하러 다녔지만 급수 시설이 생기면서 사람들의 건강 상태도 좋아지고 아이들도 다시 학교로 돌아갈 수 있게 되었다.

텍스트 구조화

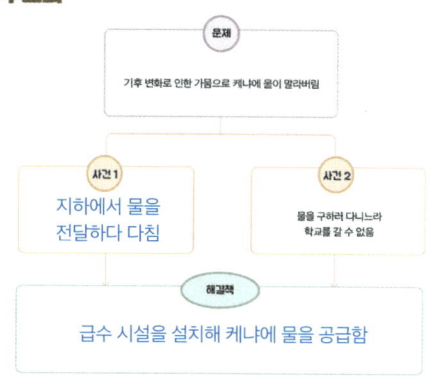

기사 속 표현 한 문장
⇨ 서울시는 홍수로 인한 피해를 빠르게 복구하기 위해 온 힘을 쏟고 있다.

생각 쓰기 글 한 편
사건 1 : 씻지 못함
사건 2 : 깨끗한 물을 못 마심
사건 3 : 식량이 부족해질 것임
해결책 : 평소 물을 아껴 써야 함

> 　물이 부족하면 당장 어떤 일이 벌어질까? 먼저 제대로 몸을 씻지 못한다. 매일 세수나 샤워를 못 하니까 몸이 더러워져 냄새도 나고 몸 여기저기가 가려울 것이다.
> 　이뿐만 아니라 목이 말라도 깨끗한 물을 마음껏 마시지 못한다. 물을 구하기 위해 케냐 어린이들처럼 먼 길을 떠나야 할 수도 있고, 또 물을 구했다고 하더라도 오염된 물일 수 있어서 설사병이나 각종 감염병에 걸리기 쉽다.
> 　또한 물이 부족하면 동식물이 잘 자라지 못한다. 그러면 식량이 부족해지고 곧이어 식량 위기가 닥칠 것이다. 사람들이 제대로 먹지 못하게 됨으로써 사람들의 건강 및 영양 상태에 문제가 생길 수도 있다.
> 　그러므로 평소에도 물을 아껴 쓰며 낭비하지 말아야 한다. 물 부족 문제는 더 이상 남의 나라 이야기가 아니다. 우리에게도 언제든 물이 부족한 상황이 닥칠 수 있기 때문이다.

34 | 갈 곳 없는 사람들의 슬픈 이야기 (p. 156~159)

신문 읽고 주제 확인
난민, 구호금, 걱정되는 상황이다

텍스트 구조화

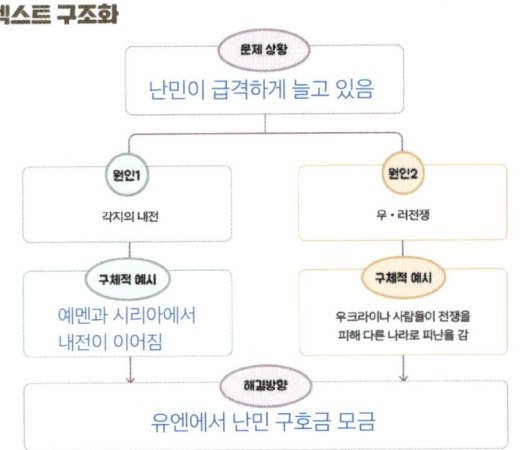

기사 속 표현 한 문장
⇨ 시간이 많이 지났는데도 보온병 속의 물은 여전히 따뜻했다.

생각 쓰기 글 한 편
1. 굉장히 괴롭고 힘들 것 같다
2. 그동안 당연하게 여겼던 편안한 일상을 보내지 못한다
3. 난민들의 어려움을 도와줄 수 있는 방안이 마련되면 좋겠다

> 어느 날 갑자기 어디에도 갈 곳 없는 난민이 되어 집을 떠나 매일 어디론가 떠돌아다녀야 한다면 굉장히 괴롭고 힘들 것 같다. 일단 매일 추위나 더위, 그리고 배고픔에 시달려야 할 것이다. 또 매 순간 어떤 위험한 일이 벌어질지 몰라 불안에 떨며 살아야 할 것이다.
> 이뿐만이 아니다. 나의 하루도 지금과는 정반대가 될 것이다. 집이 없으니 내가 지금 우리 집에서 당연한 듯 누리고 있는 편안한 일상을 보내지 못한다. 가족끼리 그날 있었던 일을 이야기하며 밥을 먹는 평화로운 식사 시간 그리고 푹신한 침대에 누워 아무 걱정 없이 푹 잠드는 순간이 모두 사라질 것이기 때문이다.
> 현재 수많은 난민들이 갈 곳 없이 힘들게 살아가고 있다. 난민들의 힘든 삶이 하루빨리 편안해지면 좋겠고, 또 작지만 내가 힘을 보탤 수 있는 부분은 없는지 살펴봐야겠다.

35 미운 말하기 전, 잠깐의 멈춤이 필요할 때
(p. 160~163)

신문 읽고 주제 확인
혐오에 대한 논의가 적극적으로 이루어져야 한다

텍스트 구조화

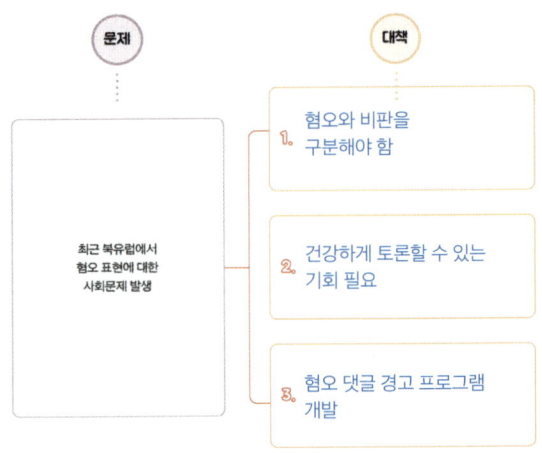

기사 속 표현 한 문장
⇨ 환경 문제는 특정 국가만의 문제가 아니라 전 세계가 함께 해결해 나가야 하는 문제다.

생각 쓰기 글 한 편
해결책
1. 역지사지의 태도
2. 필터링 프로그램
3. 신고 문화 확대

> 악성 댓글이란 상대방이 올린 글이나 영상에 익명으로 악의적인 평가나 감정적인 표현을 하며 쓴 댓글을 말한다.
> 얼마 전, 내가 좋아하는 연예인에 관한 영상에서 아무 근거 없이 쓰인 악성 댓글을 본 적이 있다. 이처럼 악성 댓글을 다는 사람이 요즘 점점 늘어나고 있다. 악성 댓글이 한 번 달리면 이에 동조해서 다른 악성 댓글이 계속해서 달리기도 한다. 악성 댓글은 댓글의 대상뿐만 아니라 댓글을 보는 모든 사람의 기분을 불쾌하게 만들기 때문에, 이에 대한 대책 마련이 시급하다.
> 악성 댓글을 없애기 위해서는 먼저, 사람들이 역지사지의 태도를 갖는 것이 중요하다. 댓글을 볼 다른 사람의 입장에서 한 번이라도 생각해 본다면 상대에게 깊은 상처를 입히는 악성 댓글을 쓰지 않을 것이다. 또한, 댓글 필터링 프로그램도 마련되면 좋겠다. 악성 댓글이 달리는 순간 자동으로 삭제되는 프로그램이 있다면 악성 댓글을 보지 않아도 된다. 마지막으로, 악성 댓글 신고 문화가 확대되어야 한다. 내가 악성 댓글을 쓰지 않았더라도 악성 댓글을 발견했다면, 방관하지 않고 적극적으로 신고하는 자세가 필요하다.

36 | 방귀를 뀌려거든 돈을 내고 뀌어라 (p. 164~167)

신문 읽고 주제 확인
줄여나가는 것이다

텍스트 구조화

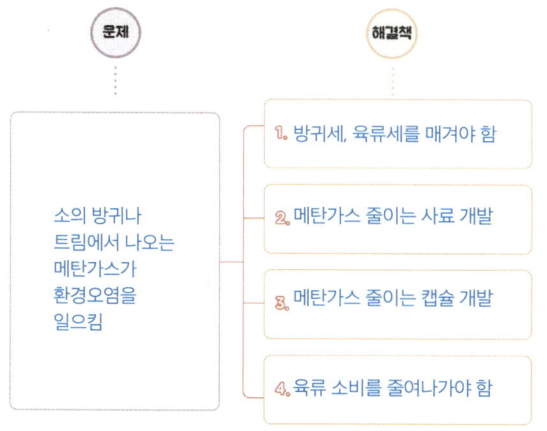

기사 속 표현 한 문장
⇨ 우리 집 소파는 낡은 데다 자리를 많이 차지해서 이번에 버리기로 했다.

생각 쓰기 글 한 편
해결 방법 1 : 고기를 안 먹는다 √
구체적인 방법 1 : 단백질이 풍부한 야채나 견과류를 먹는다
　　　　　　 2 : 콩으로 만든 고기를 먹는다

　소가 방귀를 뀔 때 내뿜는 메탄가스가 환경을 심하게 오염시킨다고 한다. 소의 방귀가 문제가 된 것은 육식 인구가 급격히 증가해 소와 같은 가축의 수가 크게 늘었기 때문이다. 이를 해결할 수 있는 방법에는 무엇이 있을까?
　내 생각에는, 고기를 적게 먹는 것이 무엇보다 중요하다. 사람들이 고기를 덜 먹고 더 나아가 육식 인구가 줄어든다면 지금처럼 소를 많이 키우지 않아도 되기 때문이다.
　사람들이 고기를 적게 먹을 수 있는 구체적인 방법에는 무엇이 있을까? 사람들이 고기를 먹는 것은 고기가 맛있어서이기도 하지만 단백질을 얻기 위한 이유도 크다. 이 경우는 고기 대신 단백질이 풍부한 식품, 예를 들어 단백질이 풍부한 견과류나 브로콜리, 시금치와 같은 야채를 먹으면 된다. 최근에는 육류 섭취를 줄이려는 사람들이 늘면서 대체육에 대한 인기도 늘고 있다. 콩으로 만든 고기는 실제 고기와 비슷한 맛이 나서 많은 사람들이 고기 대신 즐겨 먹고 있다.
　고기를 먹는 횟수나 양을 점차 줄여나가며 육식 인구의 증가로 인한 환경오염을 막아야 할 것이다. 이를 위해서는 고기 대신 먹을 수 있는 음식에 대한 다양한 정보가 제공되고, 또 모두가 이를 실천해나가려는 노력을 기울여야겠다.

해결 방법 2 : 소에서 나오는 메탄을 줄인다 √
구체적인 방법 1 : 소화가 잘 되는 사료 개발
　　　　　　 2 : 메탄을 줄이는 소 영양제 개발

　소가 방귀를 뀔 때 내뿜는 메탄가스가 환경을 심하게 오염시킨다고 한다. 소의 방귀가 문제가 된 것은 육식 인구가 급격히 증가해 소와 같은 가축의 수가 크게 늘었기 때문이다. 이를 해결할 수 있는 방법에는 무엇이 있을까?
　내 생각에는, 소에서 나오는 메탄을 직접적으로 줄이는 것이 가장 효과적인 방법이라고 본다. 이를 위해서는 소가 먹는 사료, 영양제 등을 지금과는 달리해야 한다.
　먼저 소가 먹는 사료를 바꾸어야 한다. 소가 메탄을 적게 내뿜으려면 소화가 잘 되는 사료를 개발해 먹여야 한다. 해초류를 사료에 섞여 먹이면 메탄이 적게 나온다는 연구 결과도 있다. 호주에서는 이미 소의 방귀와 트림의 메탄가스를 95%까지 줄일 수 있는 사료를 개발했다고 한다. 다음으로 메탄을 줄일 수 있는 소 영양제를 개발하는 방법도 있다. 마치 사람이 유산균을 먹어서 튼튼한 장을 만드는 것처럼 소도 장에 좋은 특별한 약을 먹으면 방귀 속 메탄이 줄어들 것이다.
　전 세계 모든 사람들이 고기를 안 먹을 수는 없다. 그렇다면 소가 먹는 사료나 영양제에 변화를 주어 메탄을 줄여나가는 것이 현재로서는 가장 현명한 방법이지 않을까?

37 | 총성 없는 종자 전쟁의 시작 (p. 168~171)

신문 읽고 주제 확인
자국의 종자 보존과 새로운 종자의 연구

텍스트 구조화

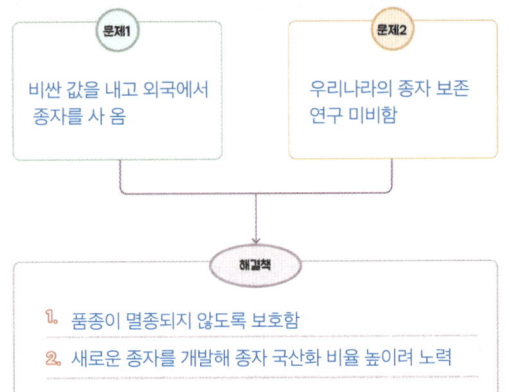

기사 속 표현 한 문장

⇨ 동생은 공부도, 운동도 뭐든 열심히 하는데 이에 반해 형은 매일 빈둥거리며 놀기만 한다.

생각 쓰기 글 한 편

발생 가능한 문제 1 : 경제적 손실이 나타남
발생 가능한 문제 2 : 채소나 과일 값이 올라 즐겨 먹기 힘들어짐
그렇다면 어떻게 해야 할까? : 종자 전쟁에 관심을 가져야 함

세계 각국이 자국의 종자 보존과 새로운 종자 개발에 노력을 기울이는 종자 전쟁에 열을 올리고 있다. 이는 자기 나라 품종을 많이 가지고 있을수록 경제적인 이득을 볼 수 있기 때문이다. 이런 상황에 만약 우리나라가 종자 전쟁에 대비하지 않으면 어떤 문제가 생길 수 있을까?

먼저, 경제적 손실을 크게 입을 수 있다. 우리나라만의 종자를 보존하고 개발하지 않는다면, 우리는 종자 수출을 통한 이윤을 얻을 수 없을 뿐만 아니라, 다른 나라에서 종자를 매번 수입해야 하므로 이때 상당한 비용을 부담해야 한다.

다음으로, 우리가 매일 먹는 과일이나 채소 가격이 점차 비싸질 것이다. 우리 종자가 없으니 종자를 해외에서 들여와야 하는데, 종자를 가진 나라가 종자 가격을 올려버리면 아무리 비싸도 우리는 어쩔 수 없이 그 가격으로 살 수밖에 없다. 종자 가격이 오르면 자연스럽게 채소나 과일의 값이 비싸질 것이고, 이렇게 되면 우리는 즐겨 먹던 채소나 과일을 충분히 먹지 못하게 된다.

종자 전쟁에 대비하지 않으면 이처럼 경제적 손실을 입게 된다. 우리의 먹을거리를 지키고 경제적인 이득을 얻으려면, 우리나라는 전 세계에서 치열하게 벌어지고 있는 종자 전쟁에 관심을 가져야 한다. 과학 기술을 도입해 새로운 종자를 개

발하고 이와 동시에 품종이 멸종되지 않도록 최선의 노력을 다해야 할 것이다.

38 | 마트 냉장고에 문을 달면 생기는 일
(p. 172~175)

신문 읽고 주제 확인

에너지 낭비, 문을 다

텍스트 구조화

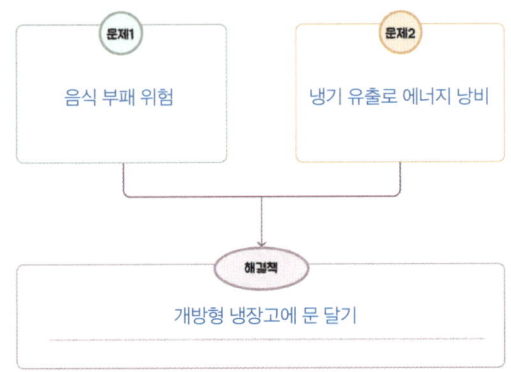

기사 속 표현 한 문장

⇨ 본격적인 추위가 시작되면서 친구들의 외투가 두꺼워졌다.

생각 쓰기 글 한 편

에너지 낭비 사례 1 : 겨울철에 히터를 세게 켜고 반팔을 입고 있음
에너지 낭비 사례 2 : 여름철에 이불을 뒤집어쓰고 에어컨을 켬
에너지 낭비를 줄일 수 있는 방법 : 겨울철, 여름철 집안에서 적정 온도로 맞춤

지난 겨울방학에 이모네 집에 놀러 갔다. 바깥 날씨가 너무 추워 오들오들 떨면서 이모네 집 초인종을 눌렀다. 이모가 문을 열자마자 후끈한 집안 공기가 느껴졌다.

이모네 집은 겨울인데도 더웠다. 얼마 지나지 않아 답답하다는 느낌마저 들었다. 그리고는 곧 집 안이 한여름처럼 느껴지면서 땀이 삐질삐질 나기 시작했다. 보일러가 아주 세게 틀어져 있던 것이다. 이모네 가족은 모두 반팔, 반바지를 입고 아이스크림을 먹고 있었다. 밖은 한겨울이었지만, 집 안은 한여름 풍경이었다.

이모 이야기를 들어 보니, 이모네 가족들은 여름철에는 에어컨을 세게 틀고 이불을 뒤집어쓰고 잔다고 했다. 한겨울에

는 더울 만큼 히터를 켜고서 반팔을 입고 지내고, 여름에는 추울 만큼 에어컨을 켜고 이불을 머리끝까지 덮은 채 잔다는 것이다.

이모네 집의 에너지 사용은 명백히 낭비이다. 에너지를 절약하기 위해서는 겨울철, 여름철에 집 안의 온도를 적정 온도로 맞춰야 한다. 겨울에는 두꺼운 긴팔, 여름에는 얇은 옷을 입으면 온도를 심하게 높이거나 낮추지 않아도 쾌적하게 지낼 수 있다. 적정 온도를 지키면 실내와 실외의 온도 차가 줄어 면역력도 유지된다고 하니, 건강에 에너지까지 지키고 일석이조이다.

에너지 절약은 특별한 것이 아니다. 우리의 일상생활에서도 충분히 실천할 수 있다. 그러므로 사소한 것에서부터 습관을 들여 에너지 절약을 실천해야 한다.

39 | 하루 이틀 그다음은 삼일? (p. 176~179)

신문 읽고 주제 확인
어휘력, 독서

텍스트 구조화

기사 속 표현 한 문장
⇨ 이 화가는 어떻게 이처럼 수많은 작품을 남길 수 있었을까?

생각 쓰기 글 한 편
나는 어휘력이 좋다 √
어떻게 좋아졌는지? : 책을 많이 읽고 새로운 어휘를 써보려고 함
어떤 노력이 필요할까? : 다양한 글을 많이 읽고 실제로 써 보는 연습을 해야 함

> 제목 : 내 어휘력이 좋은 이유
> 　내 어휘력은 다른 사람보다 좋은 편이다. 평소 모르는 단어가 나와도 정확하게 뜻을 짐작할 수 있고, 말하거나 쓸 때 어휘를 상황에 맞게 적절하게 사용할 수 있기 때문이다.
> 　내 어휘력이 좋아진 이유는 바로 내가 책을 많이 읽기 때문이다. 책을 읽다 보면 모르는 단어가 나오는데, 이럴 때 부모님께 물어보거나 사전을 찾아보기도 하고, 또 스스로 단어의 뜻을 유추해보기도 한다. 또 새롭게 알게 된 단어는 일기나 독후감을 쓸 때 한 번씩 꼭 써 보려고 노력한다. 이 모든 과정을 통해 나의 어휘력은 자연스럽게 향상되었을 것이다.
> 　어휘력을 높이기 위해서는 글을 많이 읽고 새롭게 알게 된 어휘를 사용해 보려는 노력이 필요하다. 여러 종류의 글을 찾아 읽으며 다양한 어휘를 익히고, 또 어휘를 실제로 써 보면서 어떤 상황에서 어떻게 써야 할지 스스로 파악하는 것이 중요하다. 어휘력은 노력하는 만큼 느는 것이라고 생각한다. 책 읽기부터 시작한다면 누구나 얼마든지 좋아질 수 있을 것이다.

나는 어휘력이 나쁘다 √
나쁜 이유? : 단어의 뜻을 알아가려는 노력을 하지 않아서
어떤 노력이 필요할까? : 모르는 단어가 있으면 사전을 찾아보고, 평소 책을 많이 읽어야 함

> 제목 : 내 어휘력을 키울 수 있는 방법
> 　내 어휘력은 나쁜 편이다. 왜냐하면 책을 읽을 때 모르는 단어가 너무 많이 나오고, 무슨 뜻인지 도무지 짐작조차 못하기 때문이다.
> 　내 어휘력이 안 좋은 까닭은 평소에 새로운 단어를 알아가는 데 별 관심이 없어서 그런 것 같다. 수업을 듣거나 책을 읽을 때 모르는 단어가 종종 나오는데, 그럴 때마다 그냥 지나쳤다. 그 단어의 뜻을 찾아보거나 물어보지 않고 모르면 모르는 대로 무시하고 넘겨 버린 것이다. 단어의 뜻을 알아야 할 필요도 느끼지 못했고, 사전을 일일이 찾아보는 것도 번거롭다고 생각했다.
> 　어휘력을 높이려면 무엇보다도 새로운 단어, 내가 모르는 단어의 뜻을 확인하고 기억해 나가야 한다. 그러기 위해서는 모르는 단어가 나왔을 때 어른들께 여쭤보거나 사전도 찾아 봐야 한다. 또 새로운 단어를 자주 접하려면 평소에 책을 많이 읽는 습관도 가져야겠다. 이런 작은 노력부터 시작한다면 나처럼 어휘력이 좋지 않은 사람도 아는 어휘가 풍부해질 것이다.

40 제목: (p. 180~183)

신문 읽고 주제 확인
- 비틀비틀 핸드폰을 보며 좀비처럼 걸으면!
- 조심! 이렇게 하면 좀비가 될지도 모른다!
- 스마트폰 든 좀비들, 대책은 무엇일까

텍스트 구조화

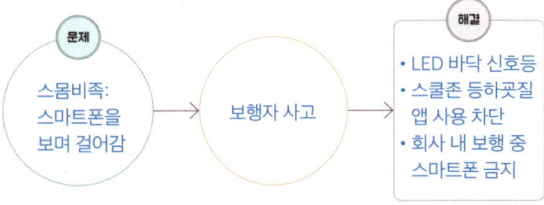

기사 속 표현 한 문장
⇨ 민지와의 약속 장소에 가기 위해 자전거 페달을 빠르게 밟았다.

생각 쓰기 글 한 편

제목 : 과도한 스마트폰 사용의 문제와 해결책

내가 초등학교 4학년이 되던 해에 부모님은 나에게 스마트폰을 사 주셨다. 내 주변에 스마트폰이 없는 친구들이 별로 없기도 하고, 학원을 다닐 때 부모님과 쉽게 연락을 주고받기 위해서였다.

스마트폰을 가지던 날, 하루에 30분만 스마트폰을 사용하겠다고 부모님과 약속했었다. 하지만 그 약속은 지켜지지 않았다. 숙제를 하다가도 메시지 알림음이 울리면 곧장 핸드폰을 들어 메시지를 확인하고 또 답장을 보내다 제시간에 숙제를 못 끝낼 때가 많았다. 보고 싶은 영상을 찾아보느라 공부에 집중을 못해서 시험에서 나쁜 점수를 받기도 했다. 또 부모님은 걸으면서 스마트폰을 절대 사용하지 말라고 하셨지만, 그 말을 어기고 학원 가는 길에 정신없이 핸드폰을 보며 걸어가다가 넘어질 뻔한 적도 있다.

이처럼 스마트폰을 과도하게 사용하면 문제가 생긴다. 스마트폰에 정신이 팔려 정작 내가 꼭 해야 할 일을 제대로 하지 못하는 것이다. 또 스마트폰을 보며 길을 걷다가 주변을 살피지 못해 사고를 당하기도 한다.

그렇다면 스마트폰을 과도하게 사용하는 문제를 해결하려면 어떻게 해야 할까? 첫째, 공부하거나 책을 읽을 때는 스마트폰을 꺼두는 것이다. 공부할 때 스마트폰을 사용하지 않으면 공부에 더욱 집중할 수 있다. 둘째, 스마트폰을 보며 길을 걸으면 안 된다. 셋째, 하루에 스마트폰을 사용할 수 있는 시간을 정해두고 이를 지키는 것이다.

스마트폰은 양날의 칼이다. 스마트폰을 필요할 때 현명하게 사용하되, 생활에 방해가 되지 않도록 해야 한다. 공부할 때는 꺼두고 정해진 시간 내에서만 사용하여 스마트폰에 중독되는 일이 없도록 해야겠다.